Außer Kontrolle

und begeistert darüber!

Wie du Gott das Steuer deines Lebens überlässt

Lisa Bevere

ADULLAM

Adullam Verlag
St.-Ulrich-Platz 8
85630 Grasbrunn

ISBN 3-931484-13-0

Bestellungen sind an oben stehende Adresse zu richten.

2., überarbeitete Auflage, April 2005

Alle Bibelzitate wurden, wenn nicht anderweitig gekennzeichnet,
der Revidierten Elberfelder Bibel,
R. Brockhaus Verlag, Wuppertal 1992, entnommen.

Herstellung:
Übersetzung: Jutta Sprycha
Umschlag: Anne Dittrich, Druckerei Mißbach
Satz und Umbruch: Adullam Verlag
Druck: Schönbach-Druck GmbH, Erzhausen
Lektorat: Joshua Werling, www.wortschöpfung.de

Ein eindrucksvolles Buch über Kontrolle

Das vorliegende Buch ist eines der besten über Kontrolle, die ich jemals gelesen habe. Die Offenheit, mit der Lisa schreibt, bewirkt nicht nur, dass du den Inhalt ganz persönlich auf dich beziehen kannst, sondern hilft dir auch, ganz rasch eine Bestandsaufnahme deines Innenzustandes zu machen.

In diesem Buch macht Lisa deutlich, dass diejenigen, die selbst am Steuer ihres Lebens sitzen wollen, eigentlich Gefangene sind und nicht über die Freiheit und Kontrolle, die sie sich eigentlich wünschen, verfügen. Die jedoch, die Gott erlaubt haben, über ihr Leben zu regieren, haben es im Griff und genießen die Lebensfreiheit, die wir in Jesus Christus haben.

Marilyn Hickey
Marilyn Hickey Ministries

Ein beispielhaft offenes Herz

Ich bin beeindruckt, dass eine Frau Gottes uns wissen lässt, dass sie Ihren Sohn beinahe einmal gegen die Wand geklatscht hätte. Ich bin beeindruckt, dass sie einer Gruppe von erwartungsvollen Frauen erklärt, ihr Leben sei ein einziges Durcheinander gewesen. Für Zorn und Wut gibt es viele Entschuldigungen, doch Lisa nimmt keine davon für sich in Anspruch. Neben der Bibel ist dieses Buch vielleicht das wichtigste Buch, das wir Frauen lesen können, um unser wahres Ich zu entdecken und zu erkennen, was wir wirklich für das Reich Gottes bedeuten.

Sei so mutig und öffne dein Herz, wenn du dieses Buch liest! Ich glaube, es kann dein Leben für immer verändern.

Lindsay Roberts
Oral Roberts Ministries
Tulsa, Oklahoma

Jesus ist die Antwort

Es war ein Segen für mich, ein Buch zu lesen, das uns Christen wieder daran erinnert, dass Jesus uns nicht nur erretten, heilen, befreien und wiederherstellen möchte, sondern dass Er auch unser Herr sein will. Nur wenn wir uns Ihm täglich willentlich unterordnen, werden wir wirklich erfüllt sein und mit uns selbst und unseren Mitmenschen Frieden haben können.

Viele christliche Familien sind an Egoismus und Stolz zerbrochen. Die Welt hält Ausschau nach Menschen, die nicht nur sagen „Jesus ist die Antwort!“, sondern diese Tatsache durch ihr Leben beweisen. Ich ziehe meinen Hut vor Lisa, weil sie sich die Zeit genommen hat, dieses Buch zu schreiben und ihre persönlichen Lebenserfahrungen weiterzugeben, um anderen zu helfen.

Sharon Daugherty
Victory Christian Center
Tulsa, Oklahoma

Eine Hilfe für jeden Leser

Lisa, meine mutige Freundin, hat ein sehr packendes und wichtiges Buch geschrieben. Wie wir alle wissen, gibt es Zeiten in unserem Leben, in denen wir mit den verschiedensten Problemen zu kämpfen haben. Dieses äußerst ehrlich geschriebene Buch kann jedem Leser helfen, sei er Mann oder Frau. Danke, Lisa, dass du uns mit einer aufrichtigen Frau bekannt machst, die immer noch verändert wird.

Mary Brown
Music That Ministers

Jedem Kind Gottes wärmstens zu empfehlen!

In ihrem Buch *Außer Kontrolle und begeistert darüber!* berichtet Lisa Bevere ehrlich und offen über die Gefühle, mit denen wir alle tagtäglich umzugehen haben, und ist somit eine große Hilfe. Ich finde dieses Buch erfrischend und ich kann es jedem Kind Gottes von ganzem Herzen empfehlen. Lies dieses Buch, du wirst es nicht bereuen!

Paula White
Co-Pastorin des *South Tampa Christian Center*

Schöpfe dein gesamtes Potential aus!

Zu entscheidender Stunde weht Aufrichtigkeit wie ein frischer Wind durch den Leib Christi. Lisas Offenheit ist ein Beweis für ihre Freisetzung und ihre geistliche Reife. Wenn es dein Herzenswunsch ist, dein Potential auszuschöpfen, möchte ich dich ermutigen, der Wahrheit ins Auge zu schauen und zu erleben, wie sie auch dein Leben verändert. Ebenso wie Lisa es gelernt hat, müssen auch wir das Steuer aus der Hand geben und unsere Kontrolle gegen ein Christus ähnliches Wesen eintauschen.

Unsere Unsicherheit und unser mangelndes Verständnis darüber, wer wir sind, bewirken, dass wir alle Umstände, Situationen und sogar Menschen unter unsere Kontrolle bringen möchten. Wie Lisa ganz klar zugibt, unterliegen wir der Macht der Kontrolle, wenn wir uns nicht der Autorität des Heiligen Geistes unterordnen. Tausche dein dich zerstörendes Kontrollverhalten gegen seinen Charakter ein!

Gina Pearson
Higher Dimensions Family Church
Tulsa, Oklahoma

Erfrischende Wahrheiten, die anderen helfen werden

Wie erfrischend, jemanden zu entdecken, der sich so ehrlich, selbstlos, direkt und transparent präsentiert wie Lisa Bevere in ihrem Buch *Außer Kontrolle und begeistert darüber!* Es ist tatsächlich so, dass Wahrheit uns freisetzt, frei macht und uns unsere Freiheit bewahrt. Lisa macht in ihrem Buch deutlich, dass sie die ihr von Gott geschenkte Freiheit gefunden hat und ist dabei so aufrichtig, dass anderen geholfen wird, aus der Macht der Kontrolle auszubrechen. Du wirst begeistert sein!

Dr. Fuchsia Pickett
Fuchsia Pickett Ministries

Frei von satanischen Fußangeln

Ich war missbraucht worden und war fast 30 Jahre alt, als ich Gott endlich erlaubte, mich zu heilen. Das zeigt eigentlich nur, wie viel

Satan daran gelegen ist, uns in einem Netz der Geheimniskrämerei, der verborgenen Sünden und der Unversöhnlichkeit gefangen zu halten. Lisa hat die Fesseln der Unversöhnlichkeit durchtrennt, die Tür, hinter der die verborgenen Sünden versteckt waren, eingetreten und einen sicheren Fluchtweg aus dem dämonischen Gefängnis der Geheimnistuerei gezeigt.

Gott möchte alles, was im Dunkeln ist, ans Licht bringen. Lisa wird dir zeigen, wie du dorthin gelangen kannst – in die Freiheit, zur Vergebung und zur göttlichen Freude. Alle, die ich kenne, ich selbst eingeschlossen, werden von diesem Buch profitieren. Du kannst allen satanischen Fallstricken, einschließlich Zorn, Streitsucht und Unversöhnlichkeit, entkommen.

Lisa, du hast Gott gehört, du warst gehorsam und hast dieses Buch geschrieben. Danke.

Cheryl Salem
Miss America 1980

Danksagung

Meine tiefste Wertschätzung empfinde ich meinem Mann John gegenüber, der so sehr an mich geglaubt hat, dass er mir nie erlaubte, mich zufrieden zu geben, sondern mich immer angespornt hat, weiter in die Gnade Gottes und in meine Bestimmung vorzudringen. Mögen wir uns nie zufrieden geben, bis wir seine Herrlichkeit erlangt haben. Du bist wirklich Gottes Gnadengeschenk, mein Freund und engster Vertrauter.

Meinen vier kostbaren Söhnen. Addison, deine Sanftheit, Entschlossenheit und dein Eifer, dich für die Gerechtigkeit einzusetzen, sind lobenswert. Austin, deine Kreativität, dein Einfühlungsvermögen und dein Mut sind ansteckend. Alexander, deine Liebe, deine Freude und dein Lachen sind wunderbar. Arden, deine Stärke und deine temperamentvolle Entschlossenheit spornen mich an, das Leben voll auszuschöpfen. Jungs, ich werde euch immer von ganzem Herzen lieben. Jeder von euch ist einzigartig und ein ganz besonderer Segen Gottes.

Meiner Mutter, deren Ermutigung während dieses Projekts mir sehr viel bedeutet hat. Glaub mir, das Beste kommt noch.

Dem ganzen Team von *John Bevere Ministries*. Möge Gott eure Treue und euren Einsatz belohnen!

Den Mitarbeitern von *Creation House*, die mit mir zusammengearbeitet haben.

Deborah, du warst mir während der gesamten Überarbeitungszeit eine große Hilfe. Steve und Joy, wir betrachten euch als Partner und Freunde dieses Dienstes.

Meinem Vater, Gott. Du weißt mehr als irgendjemand sonst, dass dieses Buch ohne Deine Weisung und Führung niemals erschienen wäre. Ich klammere mich an Deine Gnade, in ewiger Dankbarkeit.

Inhalt

Vorwort von John Bevere 11
Vorwort von Suzanne Hinn 15
Einführung 17

Teil 1
Die gefangene Frau

1 Wach auf, Tochter Zion! 21
2 Schüttle den Staub von dir ab! 27
3 Die Vergangenheit ist nicht deine Zukunft 33
4 Es wird Zeit, dass du dich losmachst! 43
5 Kehrt Jesus zu einer Frau oder einer Braut zurück? 53
6 Rüttle uns wach! 67

Teil 2
Die Frucht der Angst

7 Du bist nicht, was du siehst! 79
8 Wüstentöchter 87
9 Alles im Griff – und trotzdem unglücklich! 95
10 Angst: Der Kampf um deine Gedanken 113
11 Dem Zorn entfliehen 129
12 Klatsch: Mehr als nur Worte 143
13 Selbstverleugnung oder Selbstaufopferung 165

Teil 3
Endlich frei!

14 Keinen Boden mehr unter den Füßen 179

Nachwort 193
Anhang: Sprüche zum Thema Klatsch 197
Über die Autorin 199

Vorwort

von John Bevere

Wir leben in einer Gesellschaft, in der die Gesetzlosigkeit überhand nimmt. Über 65 Prozent unserer Mitbürger sind persönlich von den tragischen Folgen einer Scheidung betroffen. Scheidung ist oftmals die letzte Konsequenz der vorausgegangenen verletzenden Worte und Taten. Viele sind in unseren Tagen sowohl verbal als auch körperlich missbraucht worden. Und was die Sache noch schlimmer macht, ist, dass dieser Missbrauch nicht selten gerade durch die Menschen erfolgt ist, die eigentlich diejenigen hätten versorgen und beschützen sollen, an denen sie sich vergangen haben. Noch niederschmetternder ist die Tatsache, dass die meisten Verletzungen während der Kindheit zugefügt werden, in einem Alter also, in dem sich die Persönlichkeit und die Lebensanschauung noch in der Entwicklungsphase befinden.

Niemand ist vor dem Überfluss an Hass, Eifersucht, Gier und Eigensucht sicher, der in unserer Gesellschaft zu Enttäuschungen führt, zwischenmenschliche Beziehungen zerbricht und sie von innen heraus zerfrisst. Diese und andere Faktoren nähren ein grundlegendes Problem, das man „mangelndes Vertrauen" nennen könnte.

Angesichts dieser Tatsache kämen die meisten niemals auf die Idee, dass es begeisternd sein könnte, wenn man die Kontrolle aufgegeben hat. Im Gegenteil, eher würde man, nach seinen Gefühlen urteilend, sagen: „Nichts mehr unter Kontrolle … das ist ja entsetzlich!" Wegen dieses Mangels an Vertrauen in die heutige Gesellschaft versuchen die meisten, ihr Leben und ihre Umgebung unter Kontrolle zu behalten, weil sie denken, dass sie nur auf diese Weise überleben können. Sie gehen davon aus, dass sie nur dann sicher und erfolgreich sein können, wenn sie alles im Griff haben. In der heutigen Zeit wird Männern und besonders auch Frauen direkt oder indirekt vermittelt, Unabhängigkeit und Selbstständigkeit anzustreben. Sie lernen, wie man alles unter Kontrolle behält.

In diesem Buch zeigt Lisa auf, dass diejenigen, die ihr Leben, ihre Beziehungen und ihre Umgebung unter Kontrolle haben, eigentlich gefangen sind. Genau die Freiheit, die sie erlangen möchten, geht ihnen dadurch verloren. Auf der anderen Seite haben in Wirklichkeit die, die dem Herrn die Kontrolle übergeben haben, alles im Griff und führen ein freies Leben.

Jesus hat gesagt: „Denn wenn jemand sein Leben erretten [unter Kontrolle behalten] will, wird er es verlieren; wenn aber jemand [die Kontrolle über] sein Leben verliert um meinetwillen, wird er es finden" (Mt. 16, 25). Diese Worte lassen sich leicht zitieren, aber schwer in die Tat umsetzen, besonders in einer Gesellschaft, in der Selbstsucht vorherrscht.

Das vorliegende Buch befasst sich mit diesen Worten Jesu. Es ist ein sehr praktisches Buch und es wird dir zeigen, wie du unserem Erlöser die Kontrolle überlassen und den Frieden finden kannst, nach dem sich so viele Menschen sehnen. Du bekommst tief gehende Offenbarungserkenntnis, die dein Leben verändern wird. Während ich ein Kapitel nach dem anderen las, sagte ich: „Dieses Buch sollten nicht nur Frauen, sondern auch Männer lesen!" Ich kann mir sehr gut vorstellen, dass viele Ehepaare es gemeinsam lesen werden.

Als Lisas Ehemann kann ich sagen, dass es sich bei den Wahrheiten, die dir in diesem Buch vermittelt werden, nicht um theoretisches Studienmaterial handelt. Ich bin jede einzelne mit ihr durchgegangen und ich konnte beobachten, wie ihr Leben durch den Einfluss des Heiligen Geistes verändert wurde. Sie war bereitwillig, offen für das, was der Herr ihr beibringen wollte, und sich selbst gegenüber ehrlich und ist somit in kurzer Zeit geistlich sehr gereift. Ihr Vorbild hat mich angespornt, mein eigenes Leben ebenfalls offen und ehrlich unter die Lupe zu nehmen. Du wirst beim Lesen merken, dass du keine Angst davor hast, die Bereiche deines Lebens, die du besonders geschützt hast, dem zu übergeben, der dich liebt.

Es gibt keinen Menschen, den ich mehr achte und liebe als Lisa. Ich würde ihr sogar mein Leben anvertrauen, und das nicht nur, weil sie meine Frau und beste Freundin ist, sondern weil sie eine Frau ist, die eine echte Ehrfurcht vor dem Herrn hat.

Lisa, ich danke dir dafür, dass du die göttliche Ehefrau und Mutter bist, die du bist. Danke, dass du dem Herrn gehorchst und diese Botschaft, die Er dir gegeben hat, veröffentlicht hast. Ich bin dem Herrn dankbar für das Vorrecht, mit dir verheiratet zu sein.

John Bevere
Autor und Sprecher
John Bevere Ministeries

Vorwort

von Suzanne Hinn

Der Herr erschüttert alles, was zu erschüttern ist, und nur diejenigen, die fest auf Christus gegründet sind, werden in den vor uns liegenden Tagen nicht den Boden unter den Füßen verlieren. Die, die einen göttlichen Charakter entwickelt haben und integer sind, und die, die ein heiliges Leben vor Gott führen, werden es wagen zu sagen: „Ich habe nichts mehr unter Kontrolle und bin begeistert darüber!"

Lisa Bevere ist eine Frau, die ich sehr bewundere und respektiere. Sie und ihr Mann waren als Jugendpastoren Teil des Mitarbeiterteams der Gemeinde *World Outreach Center*, die mein Mann Benny Hinn als Pastor leitet. Schon nach kurzer Zeit gab der Herr ihnen ihren eigenen evangelistischen Dienst.

Lisa ist ein Beispiel dafür, was es bedeutet, einen demütigen Geist zu besitzen, und Charakterstärke und Integrität sind Teil ihres täglichen Lebens. Ihr Lebensstil macht deutlich, dass sie in ihrer Berufung als Ehefrau, Mutter, Freundin und anregende Sprecherin tiefe innere Stärke besitzt. Ihre Fähigkeit, ein aufrichtiges und gehorsames Leben zu führen, hat sie einfühlsam gemacht, die Stimme Gottes zu hören und darauf zu reagieren.

In *Außer Kontrolle und begeistert darüber!* beschreibt sie, was geschehen kann, wenn wir zu Ton in der Hand des Töpfers werden. Lisa erinnert uns daran, dass wir so lange Gefangene des fleischlichen Verlangens bleiben, bis wir dem Geist Gottes erlauben, die Wünsche unseres Fleisches zu töten. Sie schreibt darüber, wie wir die Verantwortung für die Fehler, die Ängste und den Zorn der Vergangenheit übernehmen können, statt sie als Ausreden zu benutzen und zu erklären, warum wir unser momentanes Verhalten nicht ändern können. Wir dürfen uns nicht „dafür entschuldigen", wie sie sagt, sondern wir müssen „es kreuzigen". Ich stimme dem zu. Unser eigenes Leben muss täglich sterben, damit der Herr tatsächlich die Kontrolle über jeden Bereich unseres Lebens übernehmen kann.

Lisa macht klar, dass wir nur dann unsere von Gott gegebene Autorität verstehen, wenn wir „nichts mehr unter Kontrolle haben“. Erst dann können fleischliche Gewohnheiten und Ängste gekreuzigt werden, sodass mehr vom Wesen Jesu und seiner Liebe in uns zum Vorschein kommen kann. Die Welt wird Jesus niemals sehen, wenn sie Ihn nicht in uns sehen kann, und wir können mit Lisa sagen, dass wir es lieben, das Ganze auf Gottes Art zu tun.

Wenn du Lisas Buch liest, wirst du reifer werden und dich verändern, weil du bemerken wirst, dass sie von Dingen redet, die sie selbst durchgemacht und erfahren hat. Sie befasst sich mit dem Geheimnis, Gottes Wahrheit im Leben anzuwenden und gleichzeitig durch den Einfluss des Heiligen Geistes verändert zu werden.

Suzanne Hinn
Orlando, Florida

Einführung

Während du dieses Buch liest, musst du vielleicht feststellen, dass dir die Kontrolle über dein Leben völlig entglitten ist – und du bist entsetzt darüber! Alles um dich herum ist chaotisch. Du hast die Dinge nicht mehr unter Kontrolle, weil du die Kontrolle übernommen hast. Gott fordert uns heraus, die Führung unseres Lebens aus der Hand zu geben, damit nicht wir die Kontrolle darüber haben – und darüber begeistert sein können!

Dieses Buch ist ein persönlicher „Reisebericht" darüber, wie ich eine Phase von Angst getriebener und exzessiver Kontrolle hinter mir gelassen und an den Ort des Friedens unter der Kontrolle Gottes gelangt bin. Ich bin schonungslos offen und ehrlich in der Hoffnung, dass du dich in meinen Ängsten und meiner Dummheit wiedererkennst. Beziehe dieses Buch also auf dein eigenes Leben und nicht auf das eines anderen.

Wir alle werden ständig verändert. Gott geht es dabei mehr um den Zustand, in dem wir uns befinden, als um unsere Bequemlichkeit. Und weil das so ist, wird Er oftmals erlauben, dass die Umstände, in denen wir uns befinden, unsere finanzielle Situation, unser Stand in der Gesellschaft, unsere Sicherheiten und unsere Beziehungen, aufgewühlt und umgewälzt werden. Zeiten der Veränderung sind in unserem Leben von entscheidender Bedeutung. Gerade dann, wenn die Wirbelstürme der Veränderung und der Aufruhr über uns hinwegfegen, entdecken wir, aus welchem Holz wir geschnitzt sind und wer eigentlich am Steuer sitzt.

Ich stellte fest, dass ich immer dann, wenn ich die Kontrolle übernahm, am Ende ein Chaos fabriziert hatte. Obwohl ich eigentlich wollte, dass alles in Ordnung kommt, konnte ich nicht loslassen, weil ich Angst hatte, es würde dann noch schlimmer werden. Dabei ist es höchste Zeit, die Dinge aus der Hand zu geben! Wenn Gott die Kontrolle hat, wird unter seiner Obhut selbst unser Durcheinander in Ordnung gebracht. In diesem Buch geht es nicht darum, gleichgültig zu sein; es handelt vielmehr davon, dass uns ausreichend Fürsorge und Liebe zur Verfügung stehen, sodass wir loslassen können.

Du wirfst vielleicht mit Bedauern ein: „Ich würde ja gerne loslassen, wenn ich nur wüsste, wie!“ Du lässt los, indem du deinen Willen dem Willen Gottes unterstellst. Nur wenn wir unser Leben verlieren, kann Er es retten.

Jeder von uns hat bestimmte Lebensbereiche, die er nicht mehr besorgt überwacht. Und doch sind wir in anderen Bereichen ängstlich und wollen sie nicht einmal in Gottes Obhut geben. Gottes Wunsch ist es, dass wir uns Ihm völlig hingeben, damit Er uns rundherum schützen und uneingeschränkt für uns sorgen kann. Er möchte, dass wir ganz in Ihn „eintauchen“.

Ich vergleiche dieses Loslassen gerne mit ersten Schwimmversuchen. Schwimmen zu lernen kann sowohl eine begeisternde Erfahrung sein als auch eine, die einen in Angst und Schrecken versetzt. Wenn du Schwimmen lernen willst, musst du erst einmal lernen, dich auf dem Wasser treiben und dich davon tragen zu lassen. Erst dann kannst du die Freiheit und Unabhängigkeit des Schwimmens erleben. Dieses natürliche Prinzip ist ein bildhafter Vergleich dafür, wie wir aufhören, selbst zu herrschen, und den Heiligen Geist in unserem Leben regieren lassen.

Die Stärke des Leibes Christi setzt sich zusammen aus der Stärke der einzelnen Glieder. Gott ist dabei, jeden Teil und jedes Verbindungsglied seines Leibes zu heilen. Im Zuge dessen geht Er ganz persönlich auf uns ein, damit wir ganz heil werden. Dieses Buch ist mein persönlicher Erfahrungsbericht über diese reinigende Veränderung in meinem eigenen Leben. Obwohl dieser Umwandlungsprozess noch längst nicht abgeschlossen ist, glaube ich doch, dass dich mein Beispiel ermutigen wird, zu vergessen, was hinter dir liegt, und dich nach dem auszustrecken, was vor dir liegt (Phil. 3, 13).

Teil I

Die gefangene Frau

Ich hatte es satt, so zu tun,
als wäre ich frei,
obwohl ich es nicht war,
und ich war es leid,
die starke Frau zu spielen,
obwohl ich in Wirklichkeit
doch schwach war.

1

Wach auf, Tochter Zion!

Wach auf, wach auf! Kleide dich, Zion, in deine Kraft! Kleide dich in deine Prachtgewänder, Jerusalem, du heilige Stadt! Denn nicht mehr länger soll dich ein Unbeschnittener und Unreiner betreten. Schüttle den Staub von dir ab! Steh auf, setz dich hin, Jerusalem! Mach dich los von den Fesseln deines Halses, du gefangene Tochter Zion!

Jesaja 52, 1–2

Ich fange mit dieser Schriftstelle an, weil ich glaube, dass sich hinter ihrer wehmütigen Metaphorik eine kostbare Wahrheit verbirgt. Diese Wahrheit hat mich aufgerüttelt, und das so stark, dass ich ganz davon durchdrungen wurde. Und nun möchte ich dir diese bedeutungsvolle Botschaft der Freiheit mitteilen. Ich lade dich ein, mit mir darüber nachzudenken und dich in allen Einzelheiten mit ihr zu befassen, indem wir jedes Segment der darin verborgenen Wahrheit untersuchen. Lass uns gemeinsam diese gefangene Tochter Zion besuchen.

Ich stelle mir vor, wie sie an eine Steinmauer gekettet ist, völlig verzweifelt. Ich kann ihre Fußabdrücke in der staubigen Erde sehen, die von ihren Fluchtversuchen zeugen. Ihr Hals ist von dem eisernen Joch, das sie gefangen hält, wund gerieben. Stumpfsinnig misst sie die Länge ihrer Kette in Schritten ab und sucht nach einer Möglichkeit, freizukommen. Sie lässt ihre Augen über die Erde wandern, prüft und erforscht jede Spalte in der Mauer.

Hoffnungslos und entmutigt sitzt sie nun auf dem Boden, mit hängenden Schultern, zerrissenen Kleidern, völlig erschöpft. Obwohl es noch Tag ist, fällt sie kraftlos und benommen in einen unruhigen Schlaf.

Dann sehe ich, dass ein starker Bote eintrifft: Ich schaue ihm über die Schulter, als er voller Mitleid auf diese erschöpfte und verletzte Frau blickt. Er steht vor ihr, ohne ein Wort zu sagen, und beobachtet, wie sie im Schlaf ihren Kopf hin- und her wirft. Plötzlich geht er auf sie zu, schüttelt sie und ruft ihren Namen.

> *Wach auf, wach auf! Kleide dich, Zion, in deine Kraft! Kleide dich in deine Prachtgewänder ... Schüttle den Staub von dir ab! Steh auf, setz dich hin, Jerusalem! Mach dich los von den Fesseln deines Halses, du gefangene Tochter Zion!*

Mit Mühe erhebt sie sich, vor Schwäche taumelnd, und zeigt auf die Mauer, die Kette und ihr Joch. „Hilf mir!“, fleht sie, während sie nach seiner Hand greift, doch er tritt zurück, um sich ihrer Reichweite zu entziehen.

Verwirrt ruft sie ihm nach, doch der Wind verschluckt ihre Stimme und er kehrt nicht zurück. Sie klagt: „Die Mauer ist zu hart, meine Kette zu schwer und ich bin viel zu schwach, um mich freizukämpfen!“ Voller Verzweiflung reißt sie an ihrer Kette, bis sie die Spannung nicht länger ertragen kann. Sie geht zu ihrer schützenden Mauer zurück. Wenigstens kann sie dort fühlen, was sich hinter ihr befindet, und sehen, was vor ihr liegt.

Ich habe mir dieses Szenario unzählige Male in meinen Gedanken vorgestellt und dabei intensiv ihren Schmerz und ihre Frustration gefühlt. Warum konnte ich mir all dies so klar und deutlich vorstellen? Weil auch ich eine gefangene Tochter Zion gewesen bin.

Für eine Tochter Zion ist es ein Widerspruch, gefangen zu sein. Eine Tochter ist eine Erbin und eine Tochter Zion ist eine Erbin Gottes! Wie kann ein Kind Gottes gefangen gehalten werden? Und doch war es eine Tatsache, dass ich gebunden war.

Ich tröstete mich mit dem Gedanken: „Vielleicht werde ich frei, wenn ich dieses Seminar besuche oder jene Person für mich betet.“ So rannte ich jeder neuen Lehre oder Predigt hinterher, fest entschlossen, mich freizukämpfen, während ich erklärte: „Jetzt ist es genug!“ Doch meine Kette war zu stark und sie riss mich immer wieder in die bittere Realität zurück, dass ich gebunden war.

Weil ich diese ständigen Enttäuschungen nicht länger ertragen konnte, fand ich mich mit meinem Zustand ab. Ich kam zu dem Schluss, dass es besser sei, nicht zu hoffen, als zu hoffen und nur ein weiteres Mal enttäuscht zu werden. Also verbarg ich meine Kette und bewegte mich unauffällig in den Begrenzungen, die mir gesteckt waren.

Doch dann wehte der Heilige Geist mir die Worte aus Jesaja 52, 1–2 vor die Füße. Die lebendige, bildhafte Sprache und die Kontraste faszinierten mich. Und ich verglich diese Gefangene aus einer früheren Zeit mit mir selbst.

Ich hatte es satt, so zu tun, als wäre ich frei, obwohl ich es nicht war, und ich war es leid, die starke Frau zu spielen, obwohl ich in Wirklichkeit doch schwach war. Meine Sehnsucht nach Freiheit war stärker als mein Wunsch, von meinen Mitmenschen anerkannt zu werden. Mir war inzwischen klar geworden, dass ihre Gunst mich nicht frei machen konnte.

So fing meine Suche an. Kein Mann, keine Frau und kein Dienst waren in der Lage, mich zu befreien. Meine Freiheit war irgendwo in dieser Botschaft von meinem Vater, meinem Schöpfer, verborgen.

In meiner Vorstellung habe ich diese gefangene Tochter Zion viele Male besucht. Jedes Mal sah sie ein bisschen schlimmer und ein wenig hoffnungsloser aus als zuvor. Als ich sie das letzte Mal sah, saß sie wie betäubt auf dem staubigen Boden, als der Botschafter mit ihr redete.

Sie hob ihren Kopf nur ein wenig, während sie schweigend beobachtete, wie er davonging. Es schien fast so, als ob mit der Sonne auch ihre Hoffnung auf Freiheit endgültig unterging. Wer war dieser Bote? War er von ihrem Feind geschickt worden, der sich durch einen Traum, der nie in Erfüllung gehen würde, über sie lustig machen wollte?

Doch als der Bote dieses Mal den Berg hinaufstieg und aus ihrem Blickfeld verschwand, drehte er sich um und schaute zurück.

Verwirrt betrachtete sie seine Umrisse im Licht der untergehenden Sonne. Der Wind trug seine Worte noch einmal zu ihr zurück: „Wach auf, wach auf … Zion!“

Doch dieses Mal klang seine Stimme anders. Sie erkannte, wer sie rief. Es war die Stimme des einen, den sie vor langer Zeit geliebt hatte. Tief in ihrem Innern spürte sie eine eigenartige Kraft. Was würde geschehen, wenn sie es wagen würde, auf Ihn zu hören und die Bedeutung seiner Worte zu ergreifen?

Sie hob ihren Kopf und erwiderte seinen Blick. Obwohl er weit entfernt war, hörte sie seine Nachricht deutlich: „Mach dich los von den Fesseln deines Halses, du gefangene Tochter Zion!" Er wusste, wer sie war. Nun hatte sie ihn auch erkannt: es war ihr Vater, der sie rief. Er hatte diesen Boten gesandt!

Ich bin der Meinung, dass dieses Bild den Zustand der meisten Frauen im Leib Christi beschreibt. Erben – und doch gefangen, frei – und doch gebunden.

Was hatte diese leidgeprüfte Frau gesehen? Wie entdeckte sie sich selbst und wie erkannte sie ihre Freiheit?

Ich glaube, dass dieses Buch genau solch einen Weg für dich beinhaltet. Ich bin davon überzeugt, dass du es aus einem ganz bestimmten Grund und zu einem bestimmten Zweck in die Hand bekommen hast. Diese Botschaft wird die Töchter Zion freisetzen, die erst noch offenbart werden, eine ganze Generation, die darauf wartet, ausgesandt zu werden. Ich kann schon sehen, wie sie ihr Haupt erheben und dem Wind des Heiligen Geistes lauschen.

Ich bete, dass du durch diese Wahrheiten deinen Weg in die Freiheit findest und deine Bestimmung erkennst. Du magst an dem zweifeln, was ich schreibe, aber glaube wenigstens Gott, der dein Vater ist!

Unsere Vergangenheit ist
eine trostlose, verwüstete Einöde.
Dort gibt es kein Leben
und ihre dürre, trockene Erde
ist unersättlich.

2

Schüttle den Staub von dir ab!

In Jesaja 52, 1–2 ist so viel enthalten, dass ich es für notwenig halte, jeden einzelnen Schritt aufzuzeigen, den Gott in diesem Ablauf geht. Wir werden deshalb den ganzen Prozess Punkt für Punkt durchgehen. Lass uns genau nachforschen und diese Frau und die Botschaft näher betrachten.

Eine dringende Vorladung

„Wach auf, wach auf … Zion …“ Es ist beachtenswert, dass sich der Bote wiederholt. Er tut dies aus zweierlei Gründen:

1. sie soll aus ihrem Schlaf gerüttelt werden und
2. ihren wahren Zustand erkennen.

Die Worte rissen sie aus ihrem Schlaf, in den sie eingehüllt war, und aus der Traumwelt, in die sie sich geflüchtet hatte. Sie wurde von ihrer Vergangenheit gefangen gehalten und gleichzeitig hatte sie Angst vor ihrer Zukunft. Sie versuchte, voranzugehen, während sie ständig zurückblickte.

Wenn ich meine Kinder morgens wecke, damit sie sich für die Schule fertig machen, tue ich dies meistens mit weicher, singender Stimme: „Es ist Zeit, aufzustehen!“ Ich sehe ihnen gerne zu, wenn sie sich strecken, in die Morgensonne blinzeln und mich dabei verschlafen anschauen. Ich versuche sogar sanft, sie zu motivieren, sich etwas zu beeilen, indem ich hinzufüge: „Papa macht Pfannkuchen!“ Sie lächeln dann und rollen sich aus ihren Betten. Der Morgen nimmt seinen Lauf.

Doch es gibt auch andere Tage – solche, an denen wir verschlafen haben. An solchen Tagen verläuft meine Weckaktion völlig anders. Ich stürme in ihre Zimmer, schalte das Licht an und befehle:

„Aufwachen!" Wenn ich mir sicher bin, dass sie mich gehört haben, teile ich ihnen mit, wie spät es bereits ist und welche Eile nun geboten ist. „Ihr werdet in fünfzehn Minuten abgeholt!" Schlagartig öffnen sie ihre Augen und sie sind mitten im Geschehen. An solch einem Morgen ist keine Zeit für Pfannkuchen. Alles ist ein einziger hektischer Versuch, rechtzeitig zur Tür hinaus zu kommen.

Ich kann mich daran erinnern, dass auch ich so geweckt wurde, als ich noch ein Kind war. Es war nie angenehm. Doch es war noch viel schlimmer, aufzuwachen und zu erkennen, dass man seine Mitfahrgelegenheit bereits verpasst hatte. Manchmal kann man den Wettlauf mit der Zeit noch gewinnen, doch andere Male ist man der Verlierer.

Ich glaube, der Bote wollte zum Ausdruck bringen: „Wach auf! Es ist schon sehr spät und du läufst Gefahr, für immer in Gefangenschaft zu bleiben!" Deshalb wiederholte er seinen Weckruf zweimal.

Doch die lange Zeit der Unterdrückung und Depression hatte diese Tochter Zion müde gemacht. Sie hatte sich zurückgezogen und war einsam. Sie wurde gewaltsam festgehalten und war erschöpft. Ob sie jemals frei sein würde, fragte sie sich.

Beachte, dass der Bote sie bei ihrem Namen rief: Zion. Er wollte sicherstellen, dass sie ohne jeden Zweifel wusste, dass er mit ihr redete. Er wollte keinen allgemeinen Alarm auslösen; er hatte einen speziellen Auftrag. Er wusste genau, wer sie war, obwohl sie glaubte, man habe sie vergessen.

Kleide dich

Er erkannte ihre Schwäche und sagte: „Kleide dich … in deine Kraft!" Er bot ihr nicht an, sie zu stärken, sondern forderte sie auf, selbst zu Kräften zu kommen. Ich bin mir sicher, dass sie dachte: „Ich habe keine Kraft." Wenn wir ans Ende unserer Kraft kommen, entdecken wir Gottes Stärke. Ein Gefangener hat keine natürliche Kraft vorzuweisen. Diese Art von Kraft war nicht das, was sie brauchte. Sie benötigte innere Stärke, die nur Gott geben kann.

Sie musste von seiner Wasserquelle schöpfen, der Quelle, von der tiefe innere Kraft kommt, einem Wasserquell, der niemals versiegt. Sie hob ihren Kopf.

Während er auf die Kleider zeigte, die man ihr ausgezogen hatte, drängte sie der Bote: „Kleide dich in deine Prachtgewänder!" Ich glaube, diese Kleider symbolisieren ihre zerbrochenen Hoffnungen und zerstörten Träume – alles, was ihr die ständigen Enttäuschungen geraubt hatten. Der Bote legte diese Kleider wieder in ihre Hände zurück. Sie war erstaunt, dass sie sicher aufbewahrt worden waren und immer noch intakt waren. Sie hatte befürchtet, sie würde sie nie wiedersehen. Als sie ihr nun in die Hände gegeben wurden, dachte sie: „Soll ich es wagen? Ich habe bereits versagt, als ich noch jünger und stärker war. Ich bin untreu gewesen. Gehören sie immer noch mir?"

Der Bote spürte ihre Angst und sprach ihr noch persönlicher Mut zu: „Jerusalem, du heilige Stadt! Denn nicht mehr länger soll dich ein Unbeschnittener und Unreiner betreten."

Mit diesen Worten sagte er ihr: „Ich weiß, wer du bist, was du getan hast und was du durchgemacht hast!" Dann sprach er ihre Angst vor dem erneuten Versagen und der wiederkehrenden Bedrängnis an. Er beteuerte ihr, dass ihr nie wieder Gewalt angetan, sie nie wieder beschmutzt und gedemütigt werden würde. Sie war heilig, neu gemacht worden und stand unter Schutz.

Zion symbolisiert alles, was jüdischer Abstammung ist. Das schließt die natürlichen Nachkommen Abrahams ein, das israelische Volk, und die geistlichen Abkömmlinge Abrahams, sprich, die Gemeinde. Das Wort *Jerusalem* weist auf die heilige Stadt hin, die „bereitet wie eine für ihren Mann geschmückte Braut" ist (Offb. 21, 2). Der Bote redete liebevoll mit ihr, um sie wieder aufzurichten. Er rief sie als Teil dieser Gesamtheit.

Schüttle es ab!

„Schüttle den Staub von dir ab ..." ist die Aufforderung, sich offensiv all dessen zu entledigen, was sie verschmutzt und befleckt hat. Der Staub zeugt als Überrest von ihren Reisen und Fehlern in der Vergangenheit. Staub wird vom Wind herbeigeweht und lagert sich auf freien, windstillen Flächen ab. Er sammelt sich auf ödem, leerem Boden an, wo es weder Vegetation noch Feuchtigkeit gibt, und bringt Hungersnöte hervor. Das trostloseste Ödland von all diesen ist unsere Vergangenheit. Dort gibt es kein Leben; die trockene Erde ist unersättlich; sie entzieht uns die Lebenskraft.

Diese verzweifelte Frau saß mitten auf dem staubigen Boden. Jeder neue Windstoß wehte noch mehr Staub herbei – ein Symbol für ihre Wunden und Fehler in der Vergangenheit. Je länger wir uns in unserer Vergangenheit aufhalten und je mehr wir uns damit befassen, desto eher sind wir dazu verdammt, sie zu wiederholen. Wir müssen sie abschütteln.

Die Tochter Zion klopfte sich den Staub von den Schultern und Armen. Sie wischte sich ihn aus den Augen und schüttelte ihn aus ihren Haaren.

Steh auf und bezieh deine Stellung!

Der Bote forderte sie auf: „Steh auf!“ Sie erhob sich und ließ ihre Vergangenheit auf dem Boden liegen.

Danach wurde ihr gesagt: „Setz dich hin, Jerusalem.“

Die von Gott Geliebte soll nicht länger ihren Fehlern, ihrem Versagen und den Misshandlungen, die andere ihr zugefügt haben, ausgesetzt bleiben. Für sie steht ein Thron bereit. Sie soll die Stellung einer Autoritätsperson beziehen. In dieser Position soll sie ruhen und die Rechte und Privilegien, die damit einhergehen, ausüben und genießen. Dieser Thron ist den Kindern Gottes vorbehalten, die zerschlagen und voller Reue sind.

Nachdem er diese Versprechen überbracht hat, ruft der Bote aus: „Mach dich los von den Fesseln deines Halses, du gefangene Tochter Zion!“

Er verleugnete nicht die Tatsache, dass sie tatsächlich gefangen war, aber er ließ sie wissen, dass sie keine Gefangene bleiben musste. Er versicherte ihr, dass es in ihrer Macht lag, sich von den Ketten, die sie gefangen hielten, zu befreien.

Sie trug die Kette weder an Händen noch Füßen, auch nicht um ihre Hüfte. Sie umschloss ihren Hals und raubte ihr so ihre Beweglichkeit. Obwohl sie ihre Arme und Beine völlig normal bewegen konnte, war sie am Hals angekettet und dadurch begrenzt.

Weil sie sich dieser Einschränkung bewusst war, bewegte sie sich sehr vorsichtig. Doch die Hoffnung, frei zu werden, spornte sie an und ließ sie fühlen, was sie nicht sehen konnte. Während sie sich abschüttelte und den Staub von ihren Kleidern klopfte, hatte sie plötzlich den Eindruck, etwas gespürt zu haben.

Sie bog den Kragen ihres zerlumpten Kleides hoch und fasste sich an ihre Brust. Die Kette um ihren Hals versperrte ihr die Sicht, doch als sie mit ihren Finger herumtastete, konnte sie deutlich die Umrisse eines Schlüssels ausmachen, der sich auf ihrer Brust befand. Sie zog ihn hervor, hielt ihn ins Licht der Abendsonne und drehte ihn in ihrer Hand um. Sie hatte das Schloss, das das Joch um ihren Hals verriegelte, noch nie gesehen. Sie hatte es bisher nur spüren können. Doch sie war sich sicher, dass sie den dazu passenden Schlüssel in der Hand hielt. Ihr Vater hatte ihn in weiser Voraussicht auf genau diese Zeit deponiert. Sie steckte den Schlüssel ins Schloss und vor Rost ächzend fiel die Kette vor ihr auf den Boden.

Viele von uns sind ebenfalls an eine Mauer gebunden. Wir bewegen zwar unsere Arme und Beine, doch was wir tun führt zu keinem konkreten Ziel. Die Kette, die unseren Hals umschließt, hält uns gefangen.

Der Schlüssel, der die Tür zur Freiheit aufschließt, befindet sich bereits im Herzen derer, die es wagen, zu glauben. Der Schlüssel ist nicht zu etwas … sondern zu jemandem.

> *Siehe, ich stehe an der Tür und klopfe an …*
>
> Offb. 3, 20

Es liegt an uns, ob wir diesen Schlüssel benutzen und die Tür zu unserem gefangenen Herzen aufschließen.

Du kannst dein Leben
lang versuchen, herauszufinden,
warum du nichts in den Griff bekommst,
und wenn du es dann herausgefunden hast,
hast du immer noch lauter Probleme!

3

Die Vergangenheit ist nicht deine Zukunft

Vielleicht kommt dir die Frau in Kapitel 1 bekannt vor. Es könnte auch sein, dass sie dich an eine Freundin, Schwester oder eine Verwandte erinnert. Möglicherweise war die Reflektion sogar noch tiefgreifender: In dieser Frau haben sich deine eigenen Verletzungen, Frustrationen, zerschlagenen Träume und deine persönliche Gebundenheit widergespiegelt.

Ebenso hat dich die Botschaft der Freiheit verärgert und frustriert, weil sie dein Gefühl, gefangen zu sein, nur noch verstärkt hat. Vielleicht hast du nach der Hand des Boten gegriffen, weil du gehofft hattest, er würde dir helfen und dich unterstützen, doch er ist einfach zurückgewichen, um sich deiner Reichweite zu entziehen. Du hast eine Zeit lang gekämpft, doch dann hast du dich wieder auf den staubigen Boden deiner Vergangenheit fallen lassen.

Wenn du dich selbst schon aufgegeben hast, dann bist du nicht nur reif für Veränderung – nein, du brauchst sie ganz dringend! Vielleicht sagst du jetzt schon: „Ich habe es schon so oft versucht und noch nie hat es geklappt!" Ich habe eine Nachricht von Gott für dich: Deine Vergangenheit ist nicht deine Zukunft!

Wenn wir unsere Zukunft an unserer Vergangenheit messen, sind wir dazu verdammt, sie zu wiederholen. Es ist ein Trugschluss, zu denken, dass wir in unserer jetzigen Situation irgendetwas verändern oder verhindern können, indem wir unser Versagen, unsere Traumatas und Verletzungen in der Vergangenheit studieren. Unsere Vergangenheit zu betrachten ist keine Absicherung für unsere Zukunft – vielmehr ein Hindernis. Wenn wir in unsere Vergangenheit eintauchen, sie untersuchen und analysieren, sind wir beschränkt auf die von uns angesammelten Informationen darüber, wie wir ausgenutzt worden sind und wo wir falsche

Entscheidungen getroffen haben. Dass wir uns auf unser eigenes Wissen und unsere eigenen Erfahrungen verlassen, ist keine Absicherung für unsere Zukunft.

Wir brauchen jemanden, der mächtiger und klüger ist als wir, um uns zu führen und zu beschützen – wir brauchen Gott. Er weiß schon von Anfang an, wie alles enden wird. Er hat das gesamte Bild klar vor Augen, während wir nur Bruchstücke wahrnehmen können, und das auch nur undeutlich und verzerrt (1. Kor. 13, 12). Er ist nicht von der Zeit abhängig, während wir ihr unterworfen sind. Wie können wir uns Zutritt zu seiner Weisheit verschaffen?

Zunächst müssen wir so mit unserer Vergangenheit verfahren, wie Gott es uns vorschreibt. Wie geht also Gott mit unserer Vergangenheit um? Welche Anweisungen hat Er uns gegeben?

Deine Vergangenheit ist vergangen

> *Brüder, ich denke von mir selbst nicht, es ergriffen zu haben; eines aber tue ich: Ich vergesse, was dahinten, strecke mich aber aus nach dem, was vorn ist, und jage auf das Ziel zu, hin zu dem Kampfpreis der Berufung Gottes nach oben in Christus Jesus:*
>
> Philipper 3, 13–14

Eines Tages sprach der Heilige Geist zu mir und zeigte mir wie dieser Vers uns heute betrifft. Er warnte mich: „Die Gemeinde ist auf das ausgerichtet, was hinter ihr ist, und hat vergessen, was vor ihr liegt."

Wenn wir zurückgehen und versuchen, in all dem, was geschehen ist, einen Sinn zu finden, werden wir unweigerlich frustriert werden. Wir betrachten bestimmte Begebenheiten immer und immer wieder, wälzen sie in unseren Gedanken und stellen uns vor, was hätte sein können. Es ist, als wolle man vorwärts gehen, während man zurückschaut. Wir denken: „Wenn ich nur dies oder jenes getan hätte, wäre alles anders gelaufen." Ja, das stimmt, es wäre anders gekommen. Aber du hast nicht dieses oder jenes getan und wenn du jetzt darüber nachdenkst, kannst du nichts mehr an der damaligen Situation verändern. Deine Vergangenheit, wie tragisch und schrecklich sie auch gewesen sein mag, ist vergangen. Du kannst nie wieder dorthin zurückkehren und etwas verändern.

Auch das Schöne deiner Vergangenheit ist vorbei. Versuche nicht, weiterhin dort zu leben, und lass nicht zu, dass dir in der Gegenwart deine Lebenskraft geraubt wird. Es wäre die reinste Zeit- und Energieverschwendung.

Gott geht nie zurück, obwohl Er der einzige ist, dem dies möglich wäre. Er geht vorwärts. Seine Perspektive reicht über die Gegenwart hinaus und Er bewegt sich immer nach vorne.

Als Adam versagte, hat sich Gott nicht erst einmal hingesetzt und gedacht: „Was habe ich bloß falsch gemacht? Ich hätte diesen Baum niemals pflanzen sollen! Ich hätte einen Engel davorstellen sollen, der ihn bewacht. Jetzt muss ich wieder ganz von vorne anfangen. Ich muss die Sache noch einmal genau überdenken, damit so etwas nicht noch einmal passiert."

Nein, Gott erklärte Adam und Eva sofort, welche kurz- und langfristigen Konsequenzen ihr Handeln hatte. Und bereits in dieser traurigen Situation ihrer Trennung sagte Er ihnen voraus, dass sie vom Fall und dem Fluch der Sünde erlöst werden würden (1. Mo. 3, 15).

Die tragische Wahrheit ist: Du kannst dein Leben lang versuchen, herauszufinden, warum du nichts in den Griff bekommst, und wenn du es dann herausgefunden hast, hast du immer noch lauter Probleme. Nach all deinen Nachforschungen weißt du, warum. Aber zu wissen, warum etwas geschah, vermittelt dir nicht die Kraft, dich zu verändern. Du musst wissen, wer dir helfen kann. Man wendet sich nicht ans Problem, wenn man auf der Suche nach einer Lösung ist. Du musst dich vielmehr vom Problem ab- und der Lösung zuwenden. Unsere Antwort ist Jesus. Die Frage ist: Glauben wir wirklich, dass das, was Er für uns getan hat, ausreicht?

Viel zu oft erlauben wir dem Feind, uns hinters Licht zu führen, indem er uns glauben macht, unser Fall sei einzigartig und unsere Verletzung könne selbst Gott nicht heilen. Wir denken: Ich bin eine Ausnahme und deshalb muss ich besonders behandelt werden. Deshalb sammeln wir alle Informationen, die wir bekommen können, erzählen unsere Geschichte und versuchen auf diese Weise, herauszufinden, warum bestimmte Dinge geschehen konnten. Bedauerlicherweise ist es nicht so, dass wir einen Sinn für die Ereignisse in der Vergangenheit finden, nur weil wir wissen, warum sie sich zugetragen haben.

Vergiss es

Unsere Freundin, die Frau in Jesaja 52, 1–2, repräsentiert Israel, als es in Gefangenschaft geraten war, weil es Gott vergessen hatte. Das Volk hatte auf unterschiedlichste Weise Götzendienst betrieben und gegen jedes Gebot verstoßen, das Er ihnen gegeben hatte. Sie waren stolz und hochmütig geworden (siehe Jes. 14, 1).

In ihrer Gefangenschaft hatten die Israeliten alle Hoffnung aufgegeben; sie fühlten sich verlassen. Sie befürchteten, Gott würde sie ihrem Schicksal überlassen. Ihre Schuld lastete so schwer auf ihnen und sie bezweifelten, dass Gott ihnen ihre Fehltritte jemals vergeben würde. Mit den Einwohnern Babylons und dem fremden Land, in dem sie Gefangene waren, vor Augen konnten sie nichts anderes tun, als an die früheren Zeiten zurückzudenken. Ständig wurden sie an ihr Versagen erinnert.

Doch als Gott während der Zeit ihrer Gefangenschaft zu ihnen sprach, tröstete Er sie und malte ihnen ein völlig anderes Bild vor Augen – eines, das ihnen Hoffnung vermittelte. Er wollte sie anspornen, Ihm zu glauben, dass Er sie wiederherstellen würde. Er forderte sie auf, ihre alten Fehler und ihre Untreue zu vergessen.

> *Fürchte dich nicht, denn du wirst nicht zuschanden, und schäme dich nicht, denn du wirst nicht beschämt dastehen! Sondern du wirst die Schande deiner Jugend vergessen und nicht mehr an die Schmach deiner Witwenschaft denken.*
>
> Jesaja 54, 4

Gott sagte nicht: „Ich will, dass du dich an deine Schandtaten erinnerst und etwas daraus lernst." Nein, Er sagte vielmehr: „Vergiss sie, denn ich habe sie auch vergessen!“ Er sprach ihre Ängste direkt an und ermutigte sie: „Habt keine Angst. Ich werde nicht dulden, dass euch Schaden zugefügt wird, dass ihr erniedrigt und gedemütigt werdet. Ich werde euch nicht an eure Vergangenheit erinnern, deshalb duldet nicht, dass es jemand anders tut – vergesst sie!“ Einfach ausgedrückt wollte Gott sagen: „Du warst früher so, aber ich habe dich neu gemacht; und bald wirst du dieser Mensch sein!“

Mehr als wir erwarten

> *Siehe, ich wirke Neues! Jetzt sprosst es auf. Erkennt ihr es nicht? Ja, ich lege durch die Wüste einen Weg, Ströme durch die Einöde.*
>
> Jesaja 43, 19

Es ist Gottes Wunsch, unsere Wüsten in fruchtbares Land umzuwandeln. Er hat einen Plan, wie Er unser dürres, ausgetrocknetes Land bewässern kann. Er kennt diesen Plan; wir nicht!

Diejenigen, die zurückschauen, sagen: „Morgen wird genauso sein wie heute, denn heute war genauso wie gestern.“ Doch Gott betrachtet die Dinge von einem anderen Standpunkt aus. Er versteht, dass wir Menschen von Natur aus ängstlich sind. Deshalb ermutigt Er uns:

> *Denn ich kenne ja die Gedanken, die ich über euch denke, spricht der Herr, Gedanken des Friedens und nicht zum Unheil, um euch Zukunft und Hoffnung zu gewähren.*
>
> Jeremia 29, 11

Beachte, dass Gott weder seinen Plan darlegt noch sagt: „Du wirst den ganzen Plan erfahren.“ Er versichert uns lediglich, dass Er ihn kennt und dass der Plan gut ist.

Natürlich würden wir gerne alle Einzelheiten wissen. Wir möchten wissen, wann, wo, wie und mit wem. Ich glaube, wir würden sogar noch fragen, warum, wenn Er uns all diese spezifischen Details gesagt hätte. Deshalb verschweigt Er die Einzelheiten und bietet uns die Möglichkeit an, Ihm zu vertrauen.

Wir sind überfordert, wenn wir versuchen, uns all diese Elemente zusammenzureimen. Wir sind dazu nicht in der Lage. Uns fehlen die notwendigen Informationen. Selbst wenn wir denken, wir hätten den Plan Gottes ausgetüftelt, wird uns Gott aufs Neue überraschen. Er tut nie das, was wir erwarten; Er tut mehr!

> *Dem aber, der über alles hinaus zu tun vermag, über die Maßen mehr, als wir erbitten oder erdenken, gemäß der Kraft, die in uns wirkt.*
>
> Epheser 3, 20

Wage, auch dann zu glauben, wenn du nicht alles sehen oder verstehen kannst. Entscheide dich, Gott zu vertrauen, statt dich von deinen Ängsten überwältigen zu lassen. Das ist die ungeheuerliche Kraft, über die die Gläubigen im Gegensatz zu den Nichtglaubenden verfügen. Wenn man alles weiß, benötigt man keinen Glauben. Gott verlangt einfach nur von uns, dass wir Ihm und seinem Wort vertrauen.

Mein Mann John sagt es immer wieder: „Es gibt nur einen einzigen Menschen, der dich vom Willen Gottes abbringen kann – und das bist du selbst!" Weder ein Mann, noch eine Frau, ein Prediger, ein Dienst, deine Eltern, dein Ehepartner oder ein Freund sind dazu in der Lage. Nur du selbst. Wenn du dich mit dem Willen Gottes und seinem Plan für dein Leben verbindest, dann spielen menschliche Meinungen, Organisationen oder Dämonen keine Rolle mehr. Es ist völlig bedeutungslos, wie oft diejenigen, die dein Leben berühren, versagt haben. Auch die Fehler, die du selbst gemacht hast, sind völlig unerheblich. Gott macht nie einen Fehler.

„Wenn Gott für uns ist, wer gegen uns?" (Röm. 8, 31). Gottes Absicht wird zustande kommen – es sei denn, du entschließt dich, nicht zu glauben.

Wenn dich niemand von Gottes Willen abbringen kann, dann bedeutet das natürlich auch, dass dich niemand dazu bewegen kann, dich ihm unterzuordnen. Diese Entscheidung musst du ganz allein treffen.

Es ist deine Entscheidung

Der entscheidende Punkt in Jesaja 52 ist, dass die Freiheit der dort beschriebenen Frau letztendlich von ihrem und nicht von Gottes Handeln abhing. Es war ihre Reaktion auf Gottes Anweisung, die ihr weiteres Schicksal bestimmte. Gott hatte bereits alles in die Wege geleitet, damit sie frei sein konnte, doch sie musste entsprechend der überbrachten Freiheitserklärung handeln. Sie musste ihr Glauben schenken. Nun hatte sie die Wahl – sie konnte glauben oder eine Gefangene bleiben.

Doch wir wollen diese Verantwortung gerne auf andere abwälzen. Wir möchten, dass sie uns helfen. Wir denken dabei an Familienangehörige, Freunde oder christliche Dienste und meinen, wenn wir uns an sie klammern, dann können wir frei werden. Meistens ist es jedoch so, dass wir umso mehr Fehler an ihnen entdecken, je näher wir mit ihnen in Kontakt kommen. Wir stellen auf einmal fest, dass sie auch nur Menschen sind und so wie wir von der Hilfe Gottes abhängen. Und schon stürzen sie von dem Thron, auf den wir sie nie hätten heben sollen. Oft sind wir danach bitter enttäuscht.

Solche Erfahrungen lässt Gott aus einem ganz bestimmten Grund zu. Er möchte, dass wir unsere Aufmerksamkeit auf die Botschaft richten und nicht auf den, der sie überbringt. Für das, was Er in unserem Leben tut, möchte Er alle Ehre bekommen. Und wir haben das Vorrecht, in diesem Prozess mit Ihm zusammenzuarbeiten. Er unterweist unsere Hände zum Kampf und unsere Finger zum Krieg (nach Ps. 144, 1).

Wenn wir von Herzen danach streben, Gott und all dem zu folgen, was Er für uns vorbereitet hat, erzittert die Hölle. Und nun wird der Feind anfangen, uns mit Entmutigung zu attackieren. Er wird ununterbrochen versuchen, uns von unserem Weg abzubringen, indem er uns unsere Fehler und Ängste aus der Vergangenheit vor Augen hält. Auf diese Weise mutlos geworden, deuten wir nicht selten den feindlichen Widerstand als Gottes mangelnde Bereitschaft, uns zu helfen.

Doch Gott entzieht sich uns nicht; Er wartet auf uns. Triff heute die Entscheidung, nichts mehr zu dulden, was dich gefangen halten will. Gib dich nicht mit weniger zufrieden als dem Leben, das Jesus durch seinen Tod für dich zugänglich gemacht hat. Du sollst mit Ihm regieren. Wähle sein Leben!

Ich hatte den Eindruck, ich solle dieses Kapitel mit einigen ermutigenden Worten aus meinem Tagebuch beenden. Diese Worte waren an mich persönlich gerichtet, doch ich werde sie um einige Schriftstellen ergänzen, um dir zu zeigen, dass sie ebenso auf dich zutreffen. Gott widerspricht seinem Wort niemals. Diese Worte, die dir Hoffnung geben sollen, hat der Herr mir im Gebet gegeben. Lass sie zu dir sprechen.

Tagebuchauszug

Ich weiß, du fühlst dich leer und ausgetrocknet, mein Kind, und diese Leere kommt von Mir. Ich entferne die letzten Reste des alten Lebens, doch werde jetzt nicht seelisch, bleibe im Geist. Sprudle hervor, Quelle! Befiehl diesem Wasserstrom zu fließen! Bitte Mich um Regen. Rufe zu Mir, damit Ich dich erfrischen kann. Du stehst schon an der Schwelle und du brauchst Meine Kraft, damit du sie überschreiten kannst. Preise Mich und bete Mich an. Lass deine Gedanken zur Ruhe kommen. Dann wirst du gestärkt und erfrischt werden.

Nimm dir nichts vor und plane nicht voraus, denn Ich versichere dir, Ich werde dafür sorgen, dass die, die sich gegen dich erhoben haben, beschämt und in die Knie gezwungen werden. Habe du nur keine Angst und erlaube nicht mehr – wie zuvor –, dass sich Bedrückung deiner bemächtigt, sondern umgürte dich mit Liebe und Lobpreis. Achte darauf, was du hörst und sagst, denn der Feind hat es darauf abgesehen, Streit zu stiften. Fasse dich kurz, denn du wirst wenig zu sagen haben, bis Ich deinen Mund füllen werde, doch schon bald wirst du wie eine überfließende Quelle sein.

Bevor du weiterliest, sprich mutig dieses Gebet mit mir:

Ich treffe heute die Entscheidung, Dich – Gott – zu respektieren, zu ehren und Dich über alle meine Fehler in der Vergangenheit und all die Dinge zu stellen, die mich entmutigen oder ablenken könnten.

Bibelstellen zum Tagebuchauszug: 4. Mo. 21, 17; Ps. 35, 4; 138, 2; 141, 3; Jes. 52, 9; Jer. 1, 17–19; Mt. 13, 36–43; Joh. 4, 13–14; 1. Joh. 4, 18

Manche haben sich schon so daran gewöhnt,
gefangen zu sein und
unterdrückt zu werden,
dass es ihr Lebensstil geworden ist.

4

Es wird Zeit, dass du dich losmachst!

Nachdem wir nun herausgefunden haben, wie die Tochter Zion ihre Freiheit erlangt hat, lautet die nächste Frage: Wann wird sie ihre Kette ablegen?

> *Doch wird es geschehen, wenn du dich losmachst, wirst du sein Joch von deinem Hals wegreißen.*
>
> 1. Mose 27, 40

Beachte, dass es hier nicht heißt: „Wenn Gott der Meinung ist, dass du es nicht länger ertragen kannst, wird er das Joch von dir nehmen." Es wird auch nicht gesagt: „Gott wird das Joch dann entfernen, wenn Er denkt, du hast lange genug gelitten." Eigentlich wird Gott in diesem Vers gar nicht erwähnt, dagegen werden die Worte „du" und „dich" an dieser Stelle dreimal genannt.

Anders ausgedrückt könnte man sagen: „Wenn du genug hast, wirst du das Joch abwerfen. Wenn du damit aufgehört hast, anderen die Schuld zu geben; wenn du damit aufgehört hast, dich selbst zu bemitleiden; wenn du damit aufgehört hast, nach einem Menschen oder einer Organisation zu suchen, um Hilfe zu erlangen; wenn du nicht mehr zurückschaust; wenn du damit aufhörst, Gott zu beschuldigen; wenn du endlich von den Begrenzungen so frustriert bist, die dir durch dieses Joch auferlegt sind; wenn du es so satt hast, dass du wütend wirst; dann wirst du aus der Gefangenschaft ausbrechen und dich losreißen!"

Dieser Bibelvers ist Teil des Berichts von Jakob und Esau, den Zwillingssöhnen des Isaak. Esau hatte, weil er der Ältere war, das Recht, einen besonderen Segen von seinem Vater zu empfangen. Doch Jakob eignete sich den Segen seines Bruders widerrechtlich an. Ohne es zu wissen, gab Isaak Jakob all das Gute und setzte ihn zum Herrn über Esau ein.

Als Esau davon erfuhr, weinte er und bat Isaak, ihn wenigstens mit ein paar Worten zu segnen. Der einzige Segen, den Isaak seinem Sohn Esau geben konnte, war: „... doch wird es geschehen, wenn du dich losmachst, wirst du sein Joch von deinem Hals wegreißen" (1. Mo. 27, 40).

Man beachte, dass Gott Esaus Segen nicht ohne Grund wegnahm. Esau hatte ihn Jahre zuvor an Jakob abgetreten, als er völlig ausgehungert von der Jagd zurückgekommen war. Er hatte Jakob gebeten, ihm etwas von seinem Linsengericht zu geben, und Jakob, der bemerkte, wie willensschwach Esau in diesem Augenblick war, hatte dafür dessen Erstgeburtsrecht von ihm gefordert. „Ich werde vor Hunger sterben", hatte sich Esau damals gesagt. „Was nützt mir da mein Erstgeburtsrecht?" Er legte einen Schwur ab und verkaufte sein Erstgeburtsrecht an Jakob. So wenig war Esau sein Erstgeburtsrecht wert (siehe 1. Mo. 25, 29–34).

Ein andere Übersetzung bringt zum Ausdruck, für Esau sei sein Erstgeburtsrecht nichts Besonderes gewesen. Er maß der Bündnisbeziehung, die er als Nachkomme Abrahams geerbt hatte, keine Bedeutung bei und hatte keine Achtung davor. Er ging damit leichtfertig um und spielte damit. Er verkaufte sein geistliches Erbe für einen zeitlich begrenzten, natürlichen Genuss.

Esau verkörperte natürliche Gunst, Stärke, Begabung und Fähigkeit. Er war der Erstgeborene. Sogar seine starke Behaarung war ein Segen. Esau symbolisiert alles, was ein Mensch in seiner natürlichen Fähigkeit erreichen kann. Mit ihm war „ein Arm des Fleisches" (2. Chr. 32, 8). Er teilte die Vorliebe seines Vaters für Wildbret.

> *Und Isaak hatte Esau lieb, denn Wildbret war nach seinem Mund; Rebekka aber hatte Jakob lieb.*
>
> 1. Mose 25, 28

Jakob dagegen verfügte nicht über die natürlichen Fähigkeiten, die ihm Isaaks Liebe zugesichert hätten, doch er wurde von Rebekka geliebt. Er war ein ruhiger Mann, der sich in den Zelten aufhielt. Wahrscheinlich weil er wusste, dass sein Vater Esau bevorzugte, stand er seiner Mutter näher. Ich bin mir sicher, dass sie ihn ermutigte und ihm sagte, was Gott ihr während ihrer

Schwangerschaft gezeigt hatte: Der Ältere würde dem Jüngeren dienen (1. Mo. 25, 23). Jakob repräsentiert den Schwächeren und Unscheinbareren. Gott belohnt und befördert nicht so, wie es bei Menschen üblich ist. Obwohl Jakob schwächer und weniger begabt war, trug er die Fähigkeit in sich, ein Prinz Gottes zu werden. Jakob überwand seine Schwäche und er bekam einen neuen Namen, Israel, der „Prinz Gottes" bedeutet (1. Mo. 32, 28).

Einige von uns sind von den Umständen und den Menschen um uns herum beherrscht worden. Dies geschieht, wenn wir unseren Bund und die Autorität, die damit einhergeht, nicht ernst nehmen. Wenn uns dieses Bündnis gleichgültig ist, laufen wir Gefahr, den daraus hervorgehenden Schutz und die Segnungen zu verlieren.

Dies gilt für jede Bündnisbeziehung – sei es Ehe, Familie oder Leiterschaft. Wenn wir keinen Gebrauch von unserer Autorität machen, wird jemand anders sie uns entreißen und sie gegen uns einsetzen. Jegliche Autorität kommt von Gott und wird übertragen (Lk. 9, 1). Deshalb musst du dich selbst einer Autorität unterstellen, um Autorität zu besitzen.

Esau entzog sich der Autorität, dem Schutz und dem Segen seines Vaters; Jakobs Segen wurde zum Fluch für Esau. Er musste sich nun seinem Bruder unterwerfen.

Die Autorität Gottes ist in unserem Leben vorhanden, ob wir davon Gebrauch machen oder nicht. Gott hat uns die Autorität übertragen, für die der Name Jesu steht. Es ist ein Privileg und eine Ehre, seinen Namen und die Herrschaftsmacht, die er repräsentiert, zu besitzen. Wenn wir jedoch unseren Platz nicht einnehmen oder die zeitlichen Dinge den ewigen vorziehen, öffnen wir Tür und Tor, dass sich andere unsere Autorität widerrechtlich aneignen können. Die Autorität, die uns von Gott gegeben worden ist, kann dann statt für uns gegen uns eingesetzt werden.

Die Bibel sagt, dass Jesus Satan alle Macht entrissen hat. Er hat ihm seine ganze Waffenrüstung weggenommen (Lk. 11, 22; Offb. 1, 18). Satan verfügt ausschließlich über die Autorität, die wir ihm geben, wenn er uns überlisten kann. Die einzigen Waffen, die ihm zur Verfügung stehen, sind die, die wir beiseite gelegt haben.

Er flüstert uns ein: „Du kannst diese Waffe nicht benützen. Du bist nicht rein genug, du bist nicht heilig genug!“ Und er erinnert uns an unsere Fehler von gestern. Er versucht, uns einzuschüchtern, indem er uns dazu bringt, unser Selbstwertgefühl von unserem Verhalten in der Vergangenheit abhängig zu machen. Wenn wir diesen Maßstab übernehmen, kommen wir zu dem Schluss, dass wir schwach sind und vor der von Gott geforderten Gerechtigkeit nicht bestehen können. So schenken wir Satan Gehör und glauben seinen Lügen. Dann legen wir unsere Waffen nieder.

Doch der Bund, den wir mit Gott haben, basiert nicht auf unseren Fähigkeiten oder unserer Schuldlosigkeit. Er beruht auf dem Sieg Jesu und seiner Gerechtigkeit. Unser Bund mit Gott baut auf Gnade auf und beinhaltet bessere Verheißungen (Hebr. 8, 6). Es ist wichtig, dass wir uns dessen bewusst sind und ihn als solchen anerkennen. Sei jederzeit so mutig, das zu glauben. Unsere Ehrfurcht vor Gott sollte stets so groß sein, dass wir unseren Bund mit Ihm niemals gegen einen zeitlichen Genuss oder eine momentane Erleichterung eintauschen würden.

Los, werde wütend!

Als John und ich ein Jahr verheiratet waren, gab er seine sichere und gut bezahlte Stellung als Ingenieur auf, um in unserer Ortsgemeinde mitzuarbeiten. Dort verdiente er nicht einmal halb so viel wie vorher. Zu jenem Zeitpunkt begrub ich meinen Traum, jemals ein eigenes Haus zu besitzen.

Wir hatten uns gemeinsam entschieden, unsere finanziell gesicherte Situation aufzugeben, um die Berufung Gottes in unserem Leben uneingeschränkt erfüllen zu können. Und kaum hatten wir uns mit ganzem Eifer darangemacht, dies zu tun, wurden wir in finanzieller Hinsicht von allen Seiten attackiert. Als ich eines Morgens zu meinem Auto hinausgegangen war, musste ich feststellen, dass die Windschutzscheibe in unzähligen Bruchstücken über die vorderen Sitze verstreut war. Ich konnte mir nicht vorstellen, wie das hatte geschehen können, und es blieb uns nichts anderes übrig, als die erbarmungslose texanische Hitze dafür verantwortlich zu machen. In diesem Zustand konnte ich den Wagen nicht fahren und wir hatten nicht das Geld, ihn reparieren zu lassen.

Ich suchte mir einen Nebenjob, doch die auf uns gerichtete Attacke schien alles zu verschlingen. Den Traum von einem Haus hatte ich schon lange aufgegeben. Inzwischen machte ich mir schon Sorgen, ob ich genug Geld haben würde, um Benzin und Lebensmittel zu kaufen, bis das nächste Gehalt käme.

John und ich gaben treu unseren Zehnten und zusätzliche Spenden, doch trotzdem hatte es den Anschein, als würden wir an allen Ecken und Enden beraubt. Eines Abends besuchten wir einen Gottesdienst, bei dem einige der Anwesenden berichteten, wie Gott sie finanziell gesegnet hatte. Ich dachte mir: Ich lege gar keinen Wert auf Segnungen. Ich wäre schon froh, wenn wir nur mit dem Nötigsten versorgt würden. Nach dem Gottesdienst waren wir beide so enttäuscht, dass wir uns in Johns Auto setzten und weinten. Wir versprachen einander, niemandem auch nur ein Sterbenswörtchen über unsere finanzielle Misere zu sagen. Wenn Gott nicht für uns sorgen würde, würden wir es dabei belassen.

Am nächsten Tag las ich zuhause beim Mittagessen alle Schriftstellen, die ich über Finanzen und Versorgung finden konnte. Frustriert stampfte ich mit dem Fuß auf und sagte laut: „Gott, du hast gesagt, du würdest mir in jeder Not helfen. Aber du tust es nicht!“

Er antwortete mir: „Ich bin es nicht, der zwischen dir und deinem Geld steht!“

Ich war verwirrt. Meines Wissens taten wir alles, was in unserer Macht stand, um den Bund einzuhalten, den wir mit Gott geschlossen hatten. Wir hatten Gott geglaubt, unseren Glauben verbal zum Ausdruck gebracht, Spenden gegeben und den Zehnten bezahlt. Wir hatten nur nicht empfangen. Gott hatte mich darauf aufmerksam gemacht, dass Er nicht derjenige war, der unsere Finanzen zurückhielt. Wer war es dann?

Jetzt wurde ich wütend. Mitten in meiner Küche fing ich an zu schreien: „Es steht geschrieben, dass Gott mir aus jeder Not heraushelfen wird entsprechend seinem Reichtum in Herrlichkeit. Das sind Nöte. Teufel, ich befehle dir, deine Finger von meinem Geld zu nehmen. Wir werden nicht von der Berufung Gottes für unser Leben abweichen. Gott ist wahrhaftig, ganz gleich, wie es momentan aussieht!"

Ich spürte ganz deutlich, wie sich in mir etwas veränderte. Ich war begeistert und hatte neue Hoffnung, obwohl ich nichts getan hatte, außer in meiner Küche zu stehen und zu schreien. Ich rief John im Büro an und sagte: „Liebling, es ist etwas passiert. Gott ist nicht das Problem, sondern der Teufel!" John war hocherfreut. Gott hatte ihm genau dasselbe gezeigt, als er beim Mittagessen gewesen war. Wir freuten uns beide. Unser Glaube war bereichert worden.

An diesem Abend kam ein Ehepaar, das den Gottesdienst besucht hatte, auf uns zu. Sie teilten uns mit, dass Gott ihnen aufgetragen habe, uns etwas Geld zu geben. Mit diesen Worten drückten sie uns einen Umschlag in die Hand und gingen. Zuhause angekommen stellten wir mit Erstaunen fest, dass der Umschlag genau die Summe enthielt, die wir brauchten, um mein Auto in die Werkstatt zu bringen. Es blieb sogar noch etwas übrig, sodass wir auch noch einige Lebensmittel kaufen und tanken konnten.

Nicht nur ich sollte in meiner Küche herumschreien – einige von euch sollten das auch tun! Du hast dich schon so lange mit Terror und Gebundenheit abgefunden, dass sie Teil deines täglichen Lebens geworden sind. Lass dich nicht von Angst und den Fehlern, die du in der Vergangenheit gemacht hast, unterdrücken. Gott hält sie dir nicht mehr vor! Er will dich ermutigen und anspornen!

Als meine Jungs anfingen, zu laufen, war es für sie ein Abenteuer, die kurze Strecke zwischen dem Sofa und dem Tisch in Angriff zu nehmen. Wenn wir sie anfeuerten und Beifall klatschten, gelang es ihnen besser. Sie blieben stehen und kreischten, um jedermanns Aufmerksamkeit zu bekommen, dann stolperten sie wieder ein paar Schritte vorwärts und klatschten selbst in die Hände.

Doch es kam der Tag, an dem sie entdeckten, dass das Laufen nicht nur ein Spaß war, sondern auch anstrengend sein konnte. Plötzlich fanden sie es nicht mehr so lustig. Sie mussten sich sehr viel Mühe geben, sich aufrecht zu halten. Sie plumpsten auf ihren windelgepolsterten Popo und stimmten ein Protestgeschrei an, damit jemand sie aufhob und herumtrug.

Ich ging dann oft einige Schritte zurück und spornte sie an: „Komm schon, du schaffst es!“ Das wussten sie genau, doch es war einfacher, sich fallen zu lassen. Sie wollten lieber herumgetragen werden.

Heute kann ich sie kaum bremsen. Gehen ist überhaupt kein Problem mehr für sie. Sie rennen überall herum! Sie flitzen auf ihren Rollerblades herum, dass mir angst und bange wird! Sie haben entdeckt, wie toll es ist, sich frei und unabhängig bewegen zu können. Als sie es satt hatten, herumzusitzen und zu warten, bis jemand sie hochhob, waren sie aufgestanden, gelaufen und schließlich gerannt.

Sitz nicht auf dem Boden und warte darauf, dass dich jemand aufhebt. Wenn du unruhig geworden bist, dann fordert Gott dich auf, zu gehen, ja, sogar loszurennen – frei und unabhängig. Du brauchst nicht das nächste Seminar abzuwarten, um frei zu werden. Du musst nicht vorher alles austüfteln. Werde wütend und brich aus!

Erlaube dem Glauben Gottes, dir die Augen für die Dinge zu öffnen, die du wegen deiner Zweifel und Entmutigung lange Zeit nicht sehen konntest.

Tagebuchauszug

> *Mein Kind, du brauchst dich nicht zu verstecken und zurückzuziehen. Im Gegenteil, komm mit aller Kraft, die in dir ist, näher heran. Verzweifle nicht und verhalte dich nicht entsprechend deiner früheren Fehler, denn über dir ist eine neue Gnade aufgegangen und durch sie werden alle Hindernisse aus deinem Leben entfernt werden. Reagiere flink und sicher, während du dich in dieser Vorbereitungszeit befindest. Du musst jetzt lernen, denn es wird später nicht leichter sein. Bewahre dir die Freude als deine Kraft und bezwinge deine fleischlichen Regungen, bis du sie völlig unter Kontrolle hast.*

Du wirst eine neue Freiheit und Stärke bekommen, während dies geschieht. Sei nicht entmutigt, sondern lass dich von Mir anspornen.

Bibelstellen zum Tagebuchauszug: 1. Sam. 30, 6; Neh. 8, 10; Ps. 42, 5; 73, 28; Röm. 5, 16–17; 6, 19; Phil. 3, 13; Jak. 4, 8

Gott wirbt in seiner Gemeinde
um eine Braut
– eine Braut, die Ihn liebt,
weil sie nicht ohne Ihn leben kann.

5

Kehrt Jesus zu einer Frau oder einer Braut zurück?

Wenn ein Mann eine Braut heiratet, wird sie seine Frau, nicht wahr? Ja, das ist richtig. Ist es möglich, eine Ehefrau zu sein, ohne eine Braut zu sein? Die meisten wissen, was mit einer Ehefrau gemeint ist, aber kennen wir auch die Bedeutung des Brautseins? Die Zeit, in der wir eine Braut waren, war so kurz, dass wir schon ganz vergessen haben, was für ein Gefühl das war.

Partnerschaft

Als John und ich verlobt waren, war ich seine Braut. Wir waren bis über beide Ohren in einander verliebt und der einzige Grund dafür war, dass wir das Gefühl hatten, füreinander geschaffen zu sein. Wir waren überzeugt davon, dass Gott uns zusammengebracht hatte. Wir zählten die Tage und Stunden, die wir voneinander getrennt waren, und freuten uns wie wild darauf, uns wiedersehen zu können. Wenn wir zusammen waren, war alles andere völlig unwichtig. Alle Probleme oder Ablenkungen schienen sich einfach in Luft aufzulösen. John fragte mich nicht, ob ich ihn heiraten wolle, weil ich eine gute Köchin, ein großartige Mutter, eine hervorragende Hausfrau oder eine wunderbare Hilfe für ihn war oder weil ich so gut mit Geld umgehen konnte. Ich hatte noch keine dieser Eigenschaften unter Beweis gestellt und er hatte dies auch nicht von mir verlangt. Er wusste, dass mein Herz ihm gehörte, und das genügte ihm.

Er machte mir einen Heiratsantrag, weil er mich liebte und sich ohne mich unvollständig fühlte. Es war völlig unbedeutend, ob ich jemals ein Kind bekommen, Hausfrau sein, das Haushaltsgeld verwalten oder neben ihm im Dienst stehen würde. Er heiratete mich aus einem einzigen Grund – Partnerschaft.

Aus demselben Grund nahm Gott Adams Rippe und schuf daraus Eva. Adam sehnte sich nach einem Wesen, das ihm gleich war. Gott ließ Adam in einen tiefen Schlaf fallen und entfernte ihm eine Rippe. Diese verwendete Er, um Eva zu bilden. Dann stellte Gott sie Adam vor (1. Mo. 2, 21–23). Eva war schon immer in Adam verborgen gewesen. Nun wurden sie wiederum miteinander vereint, doch dieses Mal auf ganz neue, andere Weise – getrennt, aber doch eins.

Auf dieselbe Weise hat der Vater uns als Jesu Braut geschaffen. Der Tod Christi, des zweiten Adams, hat seine Braut zum Leben erweckt – die Gemeinde. Auch Jesus wurde seitlich am Brustkorb durchbohrt und während Er in den Todesschlaf sank, flossen Blut und Wasser aus seinem Körper. Nun warten wir, die Braut, voller Vorfreude auf das Hochzeitsmahl des Lammes, wo wir Ihn mit eigenen Augen sehen und für immer mit Ihm vereint sein werden.

Gottes Gnade ist wirklich über die Maßen erstaunlich, denn wegen seiner Barmherzigkeit werden wir nicht verurteilt. Obwohl wir den Tod verdient hätten, hat Er uns freigesprochen und erlöst, um für immer die Braut und Gefährtin seines Sohnes zu sein. Und gleichzeitig macht Er uns dadurch zu seinen Kindern.

Er hat uns nicht erlöst, um uns anschließend zu Sklaven zu machen. Für die Freiheit hat Christus uns frei gemacht (Gal. 5, 3). Er möchte nicht, dass wir für Ihn arbeiten. Er hat uns erlöst und wir sollen gemeinsam mit Ihm etwas zu Stande bringen. Ohne Ihn können wir nichts tun, was ewigen Wert hat; deshalb ist es dumm, zu denken, wir könnten etwas für Ihn leisten. Wir bringen nur dann akzeptable und lebensspendende Dinge hervor, wenn wir mit Ihm zusammenarbeiten – durch seine Kraft, durch sein Leben und seinen Geist.

Ein rechtschaffenes Opfer

Abels Opfer wurde angenommen, weil er sich an die Anweisungen hielt, die Gott im Garten aufgestellt hatte. Ein unschuldiges Tier musste geschlachtet und geopfert werden, um die Blöße und die Übertretungen der Menschen zu bedecken.

Abel war ein Schafhirte. Gott hatte das Gras, den Weizen und das Wasser geschaffen, das Abels Herden am Leben erhielt. Abel passte lediglich auf die Schafe auf. Als die Zeit gekommen war, nahm Abel ein neugeborenes Lamm von seiner Herde, um es dem Herrn zu geben.

Sein Bruder Kain war ein Ackerbauer. Er pflanzte, baute an, pflegte sein Getreide und erntete. Als Gott jedoch das Opfer, das er Ihm von seiner Ernte geben wollte, abwies, wurde er wütend und eifersüchtig auf seinen Bruder.

> *Und der Herr sprach zu Kain: Warum bist du zornig, und warum hat sich dein Gesicht gesenkt? Ist es nicht so, wenn du recht tust, erhebt es sich? Wenn du aber nicht recht tust, lagert die Sünde vor der Tür. Und nach dir wird ihr Verlangen sein, du aber sollst über sie herrschen.*
>
> 1. Mose 4, 6–7

Gott lehnte nicht Kain ab – Er wollte sein Opfer nicht annehmen. Kain erkannte diesen Unterschied nicht. Er fühlte sich zurückgewiesen und ausgestoßen. Gott, der dies bemerkte, ermutigte ihn, richtig zu handeln und die Sünde zu überwinden, die vor seiner Tür lauerte. Kain hatte ebenso wie Abel die Möglichkeit, ein angenehmes Opfer zu bringen, doch Kain hörte nicht auf Gottes Rat.

Wahrscheinlich hatte Adam seinen Söhnen beigebracht, dass es angemessen war, ein Tier zu schlachten, um Gott ein angenehmes Opfer zu bringen. Wie hätte Abel sonst wissen sollen, was zu tun war? Vielleicht war in Kains Augen ein Tieropfer zu gering. Vielleicht wollte er Gott etwas bringen, wofür er selbst gearbeitet hatte. Was auch immer seine Beweggründe gewesen sein mögen, hat es doch den Anschein, als ob Kain so sehr damit beschäftigt gewesen wäre, für Gott zu arbeiten, dass er nicht mit Ihm arbeitete.

Es ist einfacher, unsere Mitmenschen zu kritisieren, als zuzugeben, dass wir die Dinge auf unsere Weise und in eigener Kraft getan haben. Kain wurde so wütend, dass er schließlich seinen Bruder umbrachte, von dem er glaubte, dass Gott ihn bevorzuge.

Und Kain sprach zu seinem Bruder Abel. Und es geschah, als sie auf dem Feld waren, da erhob sich Kain gegen seinen Bruder Abel und erschlug ihn.

1. Mose 4, 8

Seine Arbeit oder unsere?

Wenn wir für Gott statt mit Ihm arbeiten, verlieren wir seinen Charakter, sein Wesen und seine Sichtweise aus den Augen. Die Beweggründe, die uns zum Handeln veranlassen, geraten ins Abseits und nehmen falsche Formen an. Wir werden stolz auf das, was wir erreicht haben („Schau, wie hart ich gearbeitet habe!"), religiös (wir dienen Gott auf unsere, nicht auf seine Weise), gesetzlich (durch menschliche Maßstäbe und Beurteilungen) und richten schnell (wir stehen allem, das sich unserem Verständnis entzieht, kritisch gegenüber). Und schon bald präsentieren wir Gott das, was wir mit unseren Händen und mit Schweiß und Mühe erarbeitet haben und möchten, dass Er es segnet. Doch Er wird es nicht segnen.

Frustriert fangen wir an, mit unseren Geschwistern zu wetteifern. Wir werden neidisch auf diejenigen, deren Arbeit von Ihm akzeptiert wird. Die Versuchung, zu glauben, wir hätten mehr verdient, weil wir härter arbeiten, überwältigt uns. Warum sollten die anderen gesegnet werden? Der Feind möchte uns glauben machen, dass sie die Gunst, die eigentlich uns zusteht, an sich gerissen haben.

Jeder kann Gottes Gunst gewinnen und von Ihm angenommen werden, doch Er hält sich an seine Regeln, nicht an unsere. Gott gibt uns eine Schuldlosigkeit, die aus seinem Geist geboren ist und im Widerspruch zu unserem natürlichen Denken steht (Gal. 5, 5). Man kann sich diese Gerechtigkeit nicht erarbeiten und aus diesem Grund kann man sie sich auch nicht durch Werke erhalten. Diese Schuldlosigkeit ist ein Geschenk, das wir durch das Gerechtigkeitsopfer Jesu und die Liebe Gottes bekommen haben.

Religiosität schränkt ein und basiert auf Selbstgerechtigkeit. Man muss schwer arbeiten, um etwas zu erreichen, wogegen der Geist ohne Mühe etwas hervorbringt. Bedauerlicherweise bemühen sich viele in der Gemeinde, „fleißige Ehefrauen" zu sein, während Gott erwartungsvoll nach einer liebenden Braut Ausschau hält.

Ich glaube, dass Gott in seiner Gemeinde um eine Braut wirbt – um eine Braut, die Ihn liebt, weil sie nicht ohne Ihn leben kann.

Braut kontra Ehefrau

Um die Vorstellung von einer Braut zu konkretisieren, machen wir uns mit Hannas Geschichte vertraut. Hanna war eine der beiden Frauen von Elkana. Sie wird zuerst genannt, was deutlich macht, dass er sie zuerst geheiratet hat. Der Grund, aus dem sich Elkana noch eine zweite Frau – Peninna – nahm, war vermutlich, dass Hanna unfruchtbar war. Peninna brachte viele Kinder zur Welt, während Hanna jahrelang nicht schwanger wurde. Obwohl Hanna von ihrem Mann geliebt und fürsorglich behandelt wurde, hungerte sie in ihrem tiefsten Innern nach mehr. Dies wurde deutlich, als die Familie vor den Herrn trat, um Ihn anzubeten.

> *Und es geschah immer an dem Tag, wenn Elkana opferte, dann gab er seiner Frau Peninna und all ihren Söhnen und Töchtern die ihnen zukommenden Anteile; aber Hanna gab er den doppelten Anteil. Denn Hanna hatte er lieb; aber der Herr hatte ihren Mutterleib verschlossen. Und ihre Widersacherin reizte sie mit vielen Kränkungen, um sie zu demütigen, weil der Herr ihren Mutterleib verschlossen hatte. So geschah es Jahr für Jahr, immer, wenn sie zum Haus des Herrn hinaufzog, reizte jene sie. Dann weinte sie und aß nicht.*
>
> 1. Samuel 1, 4–7

Obwohl Hanna von ihrem Mann geehrt wurde, indem er ihr den doppelten Anteil gab, konnte sie sich nicht daran erfreuen, weil sie von ihrer Widersacherin so sehr gekränkt wurde. Wie konnte Gott so etwas dulden? Beachte, dass es Gott war, nicht der Teufel, der ihren Mutterleib verschlossen hatte. Warum? Ich glaube, dass Gott diese Unfruchtbarkeit zuließ, um einen göttlichen Hunger in Hanna zu erzeugen, einen Hunger, der so groß war, dass er nicht durch ein Kind, sondern nur von Ihm selbst gestillt werden konnte.

Hanna liebte ihren Mann, doch sie hatte durch die Widerwärtigkeiten, die sie erlebt hatte, gelernt, dass er nicht die Quelle ihres Lebens war. Sie hatte beobachtet, wie Peninna die

Söhne ihres Mannes zur Welt gebracht hatte. Der Fortbestand von Elkanas Namen war gesichert, aber dennoch war eine Sehnsucht nach etwas anderem in ihr. Ganz gleich, wie liebevoll ihr Mann auch zu ihr war, er konnte die gähnende Leere in ihrem Herzen nicht ausfüllen.

Auf diese Weise wurde Hannas Charakter von Demut und Zerbrochenheit geprägt. All ihr Sehnen, ihre Enttäuschung und ihre Qual schufen in ihrem Leib eine Brutstätte, in der ein prophetischer Same aufgenommen und ausgetragen werden konnte.

Ich glaube, dass Hanna eine Braut war. Weil Gott ihre Lebensquelle war, war sie eine Frau, die lieber gab als nahm. Deshalb liebte ihr Mann sie mehr als Peninna, obwohl sie nicht so fruchtbar war wie diese.

Jahr für Jahr bat sie um einen Sohn. Anfänglich war ihr Beweggrund vielleicht: „Gott, gib mir einen Sohn um meines Mannes willen!“, später änderte er sich vielleicht: „Gott, gib mir einen Sohn, damit ich meine Widersacherin zum Schweigen bringen kann!“ Als ihr Motiv schließlich war: „Gott, gib mir einen Sohn und ich werde ihn Dir zurückgeben!“, erfüllte Gott ihr ihren Wunsch.

Hanna legte ein Gelübde ab, als sie sagte:

> *... Herr der Heerscharen! Wenn du das Elend deiner Magd ansehen und meiner gedenken und deine Magd nicht vergessen wirst und deiner Magd einen männlichen Nachkommen geben wirst, so will ich ihn dem Herrn alle Tage seines Lebens geben. Und kein Schermesser soll auf sein Haupt kommen.*
>
> 1. Samuel 1, 11

Hanna hatte in einen leeren, unfruchtbaren Mutterleib das Leben Gottes hineingesprochen. Nicht nur das natürliche Leben eines Kindes, sondern das eines Kindes, das Gott geweiht und von seinem Geist geführt sein würde. In ihrer tiefen Verzweiflung gab sie sich Gott hin und empfing das Kind Samuel. Durch ihn sprach Gott prophetisch zum verlorenen, abtrünnigen Israel.

Beide Frauen waren mit demselben Mann verheiratet, doch sie hatten sehr unterschiedliche Beziehungen zu ihm. Peninna war die religiöse Ehefrau, während Hanna die verliebte Braut war. Die folgende Gegenüberstellung macht deutlich, worin sich die beiden Frauen unterscheiden:

Hanna	**Peninna**
unfruchtbar	fruchtbar
geliebt	benutzt
zerbrochen	stolz
an Gott glaubend	religiös
selbstlos	egoistisch
Braut	Ehefrau

Hanna war unfruchtbar und wurde geliebt, während Peninna fruchtbar war und benutzt wurde. Hanna war zerbrochen und ihre Suche nach Gott war nicht nur religiöse Tradition. Peninna war stolz auf ihre Nachkommen und zufrieden mit bloßer Religiosität. Sie verachtete Hanna, weil diese von Elkana geliebt wurde, obwohl sie kein Kind zur Welt gebracht hatte. Hanna verzichtete auf die Freude, ihr Kind selbst zu erziehen, denn sie wollte es dem Herrn geben. Peninna schien eine sehr selbstbezogene Frau zu sein, der die Gefühle anderer Menschen gleichgültig waren. Hanna war die Geliebte ihres Mannes, wogegen Peninna nur seine Ehefrau war.

Nach Samuel bekam Hanna noch fünf weitere Kinder, während Peninna keine Kinder mehr bekam (1. Sam. 2, 21). Sie hatte bereits ihren Zweck erfüllt.

Wir bekommen den Eindruck, dass Hanna und Peninna im Hinblick auf ihre Natur und ihre Beweggründe sehr unterschiedlich waren. Peninnas Charakter kommt in Hannas prophetischem Gebet bei Samuels Weihe deutlich zum Ausdruck:

> *Häuft nicht Worte des Stolzes, noch gehe Freches aus eurem Mund hervor! Denn der Herr ist ein Gott des Wissens, und von ihm werden die Taten gewogen. … Die satt waren, müssen um Brot dienen, und die Hunger litten,*

brauchen es nicht mehr. Sogar die Unfruchtbare hat sieben geboren, und die viele Kinder hatte, welkt dahin.

1. Samuel 2, 3 und 5

Peninnas Zufriedenheit beruhte auf den Kindern, die sie zur Welt gebracht hatte. Sie war satt gewesen, während Hanna gehungert hatte. Nun musste Peninna zusehen, wie ihre Kinder den Kindern Hannas, der Lieblingsfrau, Platz machen mussten.

Ich bin der Meinung, dass die beiden Frauen prophetisch den Zustand der Gemeinde symbolisieren. Es gibt unfruchtbare Bräute, deren Herzensschrei es ist, mehr zu erleben, und es gibt die zufriedenen Frauen, die schweigen. Die Bräute lieben Gott und sie werden von Ihm geliebt. Sie haben eine sehr innige, persönliche Beziehung zu Ihm. Sie sind von ihren Widersachern niedergedrückt und gedemütigt worden. Durch diese Anfeindungen wurde in ihnen göttliche Sanftmut erzeugt. Sie werden sich nicht an Gottes Ehre vergreifen, sondern sie Ihm in ganzer Fülle zurückgeben. Sie haben nicht vergessen, warum sie Ihn lieben – sie sind seine Braut.

Wie steht es um deinen Appetit?

Alles, was ich Gott in der Vergangenheit habe tun sehen und was Er jetzt gerade tut, ist wunderbar. Trotzdem hungere ich nach Dingen, die ich bis jetzt noch nicht erlebt, geschmeckt oder getan habe. Ich freue mich über das, was der Leib Christi schon erfahren hat, doch ich habe Appetit auf mehr.

Diese Sehnsucht nach mehr hat in meinem Herzen ein solches Feuer entfacht, dass ich das Gefühl hatte, ich sei damit schwanger. Daraufhin hat Gott mich herausgefordert: „Wenn du mehr möchtest als das, was du bisher gesehen hast, dann musst du mehr sein, als du jetzt bist. Du musst mehr geben, als du bis heute gegeben hast.“ Jede neue Ebene unseres Lebens mit Gott bringt eine Steigerung der Hingabe an Ihn und Hinwendung zu Ihm mit sich.

Als ich eines Morgens für meine Familie betete, bat ich Gott, den Hunger meiner Kinder nach Ihm zu vergrößern. Tief in meinem

Innern hörte ich, wie Er mir antwortete: „Wenn deine Kinder keinen Hunger haben, liegt es daran, dass sie schon satt sind."

Mit dem geistlichen Hunger verhält es sich ebenso wie mit dem natürlichen: Wir sind hungrig, wenn wir einen leeren Magen haben, und der Hunger vergeht, sobald wir satt sind. Deshalb verspüre ich nur dann ein Hungergefühl, wenn ich nicht schon voll bin. Um einen geistlichen Hunger zu entwickeln, muss ich mich all der „Füllstoffe" enthalten, die nicht von Gott kommen. Um dies näher zu erklären, werfen wir noch einen Blick auf Hanna.

Hanna verzichtete auf ihren doppelten Anteil und ihre Gunst; stattdessen gab sie sich Gott hin. Sie wollte sich nicht mit menschlicher Anerkennung zufrieden geben. Ihr war wichtiger, dass sie Gunst bei Gott hatte. Zur damaligen Zeit war es eine Schande, unfruchtbar zu sein. Dadurch, dass ihr Mann ihr für das religiöse Fest die doppelte Menge Fleisch gab, machte er den Anwesenden deutlich: „Ich liebe diese Frau. Obwohl sie mir noch kein Kind geboren hat, steht sie in meiner Gunst." Doch Hanna hatte einen Punkt erreicht, an dem der doppelte Anteil und die Liebe und Zuneigung ihres Mannes ihr nicht mehr reichten. Deshalb schrie sie zu Gott, denn sie wusste, dass nur sein Eingreifen sie zufriedenstellen konnte.

Inmitten aller religiösen Aktivitäten und weltlichen Ablenkungen ist es wichtig für uns, dass wir uns von diesen kurzlebigen Genüssen distanzieren und zu Gott rufen, Er möge uns mehr geben. Wie Hanna müssen wir zum Allerhöchsten schreien, bis Er das Verlangen tief in unserem Innern stillt. Wir müssen unserer Seele die zeitlich beschränkte Befriedigung verweigern und uns nach dem ausstrecken, was ewig ist.

> *Der Satte tritt Honig mit Füßen; aber dem Hungrigen ist alles Bittere süß.*
>
> Sprüche 27, 7

Dieser Vers bezieht sich nicht nur auf Nahrungsmittel. Für diejenigen, die nach Gott hungern, ist selbst seine Korrektur erfrischend. Aus diesem Grund kann sogar eine unfruchtbare Frau singen.

> *Juble, du Unfruchtbare, die nicht geboren, brich in Jubel aus und jauchze, die keine Wehen gehabt hat! Denn die Söhne der Einsamen sind zahlreicher als die Söhne der Verheirateten, spricht der Herr.*
>
> Jesaja 54, 1

Gott führt uns zurück zu unserer ersten Liebe. Dort werden wir die Stärke und die Nahrung finden, die wir brauchen, um eine Braut zu bleiben.

John und ich haben vier Kinder. Sie alle sind das Ergebnis unserer Intimität. Wir waren nicht intim, weil wir Kinder zeugen wollten. Wir haben Kinder wegen unserer Intimität. Ebenso möchte Gott, dass unsere geistlichen Früchte das Resultat unserer innigen Beziehung mit Ihm sind. Wir sollen Jesus nicht nachfolgen, um Erlösung, Wohlstand, einen Dienst, Salbung, Heilung oder irgend etwas anderes zu bekommen. All diese Dinge werden sich einfinden, wenn wir uns in Ihm verlieren.

Vor fünf Jahren bereitete ich mich darauf vor, bei einem Frauenseminar zu sprechen. Wie immer betete ich mein altes, frommes Gebet: „Gott, benütze mich, um diesen Frauen zu dienen …" Gott unterbrach mich mit einer Frage.

„Lisa, bist schon einmal von einer Freundin benutzt worden?"

„Ja", antwortete ich zögernd.

„Wie hat dir das gefallen?"

„Überhaupt nicht. Ich kam mir hintergangen vor."

„Bist du schon einmal von einem Freund benutzt worden?"

„Ja", gab ich zur Antwort.

„Wie fandest du das?"

„Sehr schlimm. Ich kam mir billig vor und fühlte mich schmutzig."

Darauf erwiderte Gott: „Ich benutze Menschen nicht. Satan tut das. Ich heile sie, gebe ihnen Meine Kraft, Ich verändere sie und wandle sie in Mein Ebenbild um – aber Ich benutze sie nicht."

Ich war schockiert. Mir war immer beigebracht worden, so zu beten, doch ich erkannte plötzlich, wie absurd es war, zu denken, Gott sei jemand, der benutzt und nimmt.

Gott sagte mir, dass es Ihn betrübe, dass Prediger Ihm nur Zutritt zu einigen Bereichen ihres Dienstes gewährten, während sie Ihm andere Bereiche ihres Lebens vollständig vorenthielten. Der Bereich, zu dem Ihm am häufigsten der Zutritt verwehrt werde, sei sein Einfluss auf unseren persönlichen Lebensstil.

Die Bereiche, die wir vor Gott verschlossen halten, werden uns schließlich zu Fall bringen. Ich weiß nicht, wie oft ich schon folgende Bemerkung gehört habe: „Ich verstehe einfach nicht, wie ein so gesalbter Prediger Alkoholiker werden oder seine Familie missbrauchen oder Ehebruch begehen konnte. Gott hat ihn (oder sie) auf so kraftvolle Weise gebraucht. Wie konnte das nur geschehen?“

Gott wünscht sich immer, durch jede Faser unseres Seins wirken zu können, nicht nur durch unseren Dienst. Wir sind diejenigen, die Gott einschränken. Ich bete, dass seine Salbung jeden Bereich unseres Lebens überschwemmt, dass kein Bereich von seiner Gegenwart unberührt bleibt.

Von Gott erkannt

> *Was aber das Götzenopferfleisch betrifft, so wissen wir, dass wir alle Erkenntnis haben. Die Erkenntnis bläht auf, die Liebe aber erbaut. Wenn jemand meint, er habe etwas erkannt, so hat er noch nicht erkannt, wie man erkennen soll; wenn aber jemand Gott liebt, der ist von ihm erkannt.*
>
> 1. Korinther 8, 1–3

Es kommt nicht darauf an, wie viel Erkenntnis wir haben, wenn es darum geht, Leben hervorzubringen. Das Leben steckt in der Erkenntnis, die wir in die Tat umsetzen. Ist es besser, etwas über Gott zu wissen oder von Ihm gekannt zu werden? Du kannst etwas über einen anderen wissen und doch keine Beziehung zu dieser Person haben. Es ist von größter Wichtigkeit, dass Gott uns kennt.

Als Jesus in den Evangelien davon sprach, dass einigen der Eintritt in das Himmelreich verwehrt werde, erklärte Er dies anschließend folgendermaßen: „Weicht von mir, denn ich kenne euch nicht.“ Sie kannten zwar Ihn, doch Er kannte sie nicht. Wie tragisch es doch ist, etwas über jemanden zu wissen, ohne dem anderen je die Zeit zu geben, dich kennen zu lernen.

Der Psalmist rief aus: „Erforsche mich, Gott, und erkenne mein Herz. Prüfe mich und erkenne meine Gedanken!“ (Ps. 139, 23). Er wollte, dass Gott in die hintersten Winkel seiner Seele eintauchte, bis Gott ihn genau kannte. Und im Zuge dieses Prozesses werden wir durch das Licht seines Wortes verändert und wir entwickeln in unserem Herzen eine Liebe zu Gott. Wir werden von einer Frau in eine Braut verwandelt. Hungere danach, Ihn zu kennen, wie Er dich kennt, damit du Ihn so lieben lernst, wie Er dich liebt.

Tagebuchauszug

Ich liebe dich. Ich möchte, dass du dich darüber freust. Nimm diese Liebe und Korrektur ganz ungezwungen von Mir und an Meiner Seite an. Laufe nicht von Mir weg, sondern zu Mir hin, denn du bist eingepflanzt und du darfst unser Band nicht zerreißen oder überspannen; geh den Weg einfach gemeinsam mit Mir. Renne, wenn Ich renne; ruhe dich aus, wenn Ich ausruhe; steige auf, wenn Ich steige; springe, wenn Ich springe. Auf, hinüber und weiter auf deine Bestimmung zu, so zu werden, wie Ich bin. Dein Schicksal wird von Mir geschmiedet und mit Kraft angereichert. Versuche es nicht in eigener Kraft. Du wirst nur enttäuscht zu Mir zurückkommen, nachdem du versagt hast. Denn das Werk, das ich tue, ist rasch und sicher und bringt viel Freude und Frucht hervor. Nimm beides mit, während du gehst, denn Ich möchte nicht, dass du beladen und kraftlos bist, sondern erfrischt von unserer und durch unsere Arbeit. Meine Wege sind nicht belastend, sondern leicht und einfach, vollendet durch Gehorsam und Liebe. Deshalb setz dich neben Mich und lerne von Mir.

Bibelstellen zum Tagebuchauszug: Mt. 11, 29–30; Lk. 10, 41–42; Röm. 8, 29; 11, 17–21; Phil. 2, 12–13; Hab. 12, 5–6

Wenn du deine Bestätigung, deine Liebe,
dein Selbstwertgefühl, deine Freude,
deine Kraft und deine Anerkennung
aus einer anderen Quelle
als von Gott beziehst,
wird Er daran rütteln.

6
Rüttle uns wach!

Wenn Gott uns rüttelt, um uns aufzuwecken, fühlen wir uns oft von einer nicht vertrauten und unfreundlichen Situation umgeben. Gott weist uns auf unsere Sicherheiten hin, indem Er uns aus unserem bequemen Nest stößt. Mit „bequemem Nest“ meine ich alles, was uns vertraut ist, was wir erwarten, was beständig und unter unserer Kontrolle ist.

Wir fühlen uns dann am wohlsten, wenn das passiert, womit wir gerechnet haben. Es gefällt uns, wenn wir uns verstanden fühlen und von unseren Mitmenschen unterstützt werden. Wir schätzen es, eine zuverlässige Quelle der finanziellen Versorgung zu haben. Doch wenn unsere Umstände so bequem sind, laufen wir leicht Gefahr, uns von einem falschen Gefühl der Sicherheit einlullen zu lassen.

Gott geht es mehr um unseren Zustand als um unsere Bequemlichkeit. Er stört gelegentlich unser Nest auf, damit es uns in unserer Bequemlichkeit plötzlich unbequem wird.

> *Wie der Alder sein Nest aufstört, über seinen Jungen schwebt, seine Flügel ausbreitet, sie aufnimmt, sie trägt auf seinen Schwingen …*
>
> 5. Mose 32, 11

Auf diese Weise lernen die jungen Adler zu fliegen. Sie kommen in einem sehr bequemen und sicheren Nest zur Welt, das mit den Daunen ihrer Mutter gepolstert und abgedichtet ist. Täglich wird frische Nahrung herbeigeflogen. Doch es kommt der Tag, an dem es für sie lebensgefährlich werden kann, an diesem bequemen Ort zu bleiben. Deshalb bringt Mutter Adler ein bisschen Aufruhr und Unruhe in dieses gemütliche und sichere Nest.

Die Adlermutter greift das Nest mit ihren Krallen und schlägt mit den Flügeln, um die hübsche, weiche Polsterung aus dem Nest zu wirbeln. Alles, was sie sorgfältig aufgebaut hat, reißt sie nun in

Stücke. Dann nimmt sie jedes einzelne Adlerbaby und trägt es aus dem Nest hinauf in die Luft. Dort lernen die jungen Adler das Fliegen. Solange man im Nest sitzt, kann man seine Flügel nicht ausprobieren.

Als Gott in meinem Leben anfing, mir das Fliegen beizubringen, hatte ich das Gefühl, es gäbe nichts, woran ich mich festhalten könnte. Ich hatte den Eindruck, mein Leben sei wie ein riesiges und völlig ungewisses Meer. Alles, was mir bis dahin Stabilität vermittelt hatte, war in Aufruhr geraten oder befand sich in einem Zustand der Veränderung. Manchmal war dies so intensiv, dass ich mich ins Bett legte und mir das Gehirn zermarterte, um dahinterzukommen, warum alles in eine solche Aufruhr geraten war.

Wir hatten finanzielle Probleme. In sozialer Hinsicht wurden wir gemieden. Ich fühlte mich einsam, isoliert, missverstanden und verfolgt. Ich betete und flehte den Herrn an, Er möge mir den richtigen Weg zeigen, doch ich hörte als Antwort nur das Echo meiner eigenen Worte. Ich konnte nicht zur Ruhe kommen.

Ich kam mir so auffällig vor, als ob ich mit einem riesigen Schild über meinem Kopf herumlaufen würde, das jeder lesen konnte – außer mir selbst. Es war so offensichtlich, dass ich in Not war, und andere Leute wurden davon abgestoßen. Niemand um uns herum schien zu verstehen, was wir durchmachten und was der Grund dafür war.

Ich hatte es schon lange aufgegeben, meine Situation zu erklären, um einen Rat oder ein Wort von Gott zu bekommen. Anscheinend konnte mir sowieso niemand helfen. Dafür gab es einen Grund. Niemand sollte dies tun. Gott wollte, dass ich Hilfe bei Ihm fand. Er erzeugte einen Hunger und eine Unruhe in mir.

Auch John musste diese Feuerprobe bestehen. Zunächst versuchten wir, das Ganze zu besprechen. Vielleicht sollten wir dies tun. Vielleicht hätten wir nie aus Dallas weggehen sollen. Wir werden angegriffen! Doch bald fanden wir es zu verwirrend, darüber zu reden.

John erkannte, dass wir einen Reinigungsprozess durchmachten. Doch ich stellte jeden Aspekt und jede Einzelheit in Frage, weil ich versuchte, eine Erklärung dafür zu finden.

Keine Abkürzung

An einem Morgen kam John begeistert zu mir, nachdem er gebetet hatte. Gott hatte zu ihm gesprochen. Wenigstens eine Person in unserem Haus kann noch hören, wenn Gott redet, dachte ich erfreut und ich war ganz Ohr.

John erzählte mir, dass er alleine draußen auf den Felder spazieren gegangen war und gebetet hatte. Dort hatte Gott ihn aufgefordert, sich umzusehen. John entdeckte eine Stelle, an der niedriges Gras wuchs und dann eine große Fläche mit Erde, auf die eine weitflächige Wiese mit hohem Gras folgte.

Gott erklärte John, dass das niedrige Gras die Salbung repräsentiere, die er bisher in seinem Leben erfahren hatte; die Erde symbolisiere eine Wildnis, die er durchqueren müsse; und das hohe Gras stelle die Salbung dar, die John nach seinem Weg durch die Wildnis haben würde.

Ich war begeistert, da ich dachte, den größten Teil der einsamen, beschwerlichen Wildniswanderung hätten wir schon hinter uns. John hatte Gott gefragt, an welcher Stelle in diesem Prozess er sich befände, da er vermutete, er sei schon fast am anderen Ende der erdigen Fläche.

Doch Gottes eindeutige Antwort war: „Du bist am Ende der Stelle, an der das niedrige Gras wächst."

Enttäuscht fragte ich John: „Soll das auferbauend sein? Soll ich jetzt etwa glücklich sein, weil ich erfahren durfte, dass es noch schlimmer wird, bevor es dann endlich besser wird?" Ich wollte eine Abkürzung finden, um die erdige Fläche umgehen zu können.

Von nun an war ich so damit beschäftigt, nach einem Ausweg zu suchen, dass ich den Sinn dieses Prozesses nicht erkannte. Ich hatte mich so sehr auf die Wüste fixiert, dass ich nicht sehen konnte, dass genau dort die Antwort auf meine Gebete lag – Gott möge ein reines Herz in mir schaffen und das wirklich Kostbare vom Unechten trennen.

An einem Abend, an dem ich mir ganz besonders Leid tat, stieg ich in meine Badewanne und weinte mich aus. Ich war mit unserem zweiten Sohn im sechsten Monat schwanger. Es war nicht auszuschließen, dass John seine Arbeitsstelle verlieren würde. Ich fühlte mich verfolgt und unverstanden. Wir glaubten, Gott zu gehorchen, wie konnte also all dies geschehen?

John kam herein und fand seine umfangreiche, schwangere Frau weinend in der Badewanne vor. Er brauchte mich nicht einmal zu fragen, warum ich weinte. Als er mich anschaute, brachen alle meine Ängste, Zweifel, Sorgen und Fragen aus mir hervor. „Warum, warum, warum?", fragte ich.

Mit ruhiger Stimme stellte John mir die Frage: „Lisa, um was hast du Gott für dein Leben gebeten? Hast du ihn um Möbel und Kleidung gebeten?"

In diesem Augenblick wünschte ich mir insgeheim, ich hätte um Segnungen gebeten statt um das, was ich gerade durchmachte.

John bohrte weiter nach: „Worum hast du gebeten?"

„Ich habe Gott gebeten, er solle mich reinigen", murmelte ich.

„Na siehst du, genau das bekommst du", antwortete John und ging hinaus.

Ich wusste, dass John Recht hatte. Es war nur nicht das, was ich zu diesem Zeitpunkt hatte hören wollen. Mir wäre es lieber gewesen, John hätte gesagt: „Mein armes Baby, du bist schwanger und hast Angst, dass ich meinen Job verliere. Komm her, ich tröste dich!" Ich wollte nicht, dass er mit mir redet, als sei ich seine Gemeinde. Ich wollte bemitleidet werden.

„Gott, nicht einmal mein eigener Mann versteht mich. Warum muss ich gerade jetzt, wo ich schwanger bin, einen solchen Prozess durchmachen?", beschwerte ich mich.

Er antwortete: „Weil das eine Zeit ist, in der du dich sehr verwundbar fühlst."

Er hatte vollkommen Recht. Ich war außerordentlich empfindlich und verwundbar. Ich war wankelmütig und Er sorgte für die Erschütterung. Gott wird die Zeiten benutzen, in denen wir uns schwach und unsicher fühlen, und sie für uns zum Besten wenden.

> *Dessen Stimme erschütterte damals die Erde; jetzt aber hat er verheißen und gesagt: „Noch einmal werde ich nicht nur die Erde bewegen, sondern auch den Himmel." Aber das „noch einmal" deutet die Verwandlung der Dinge an, die als geschaffene erschüttert werden, damit die unerschütterlichen bleiben.*
>
> Hebräer 12, 26–27

Ich fühlte mich unbehaglich, weil ich Gottes Erschütterung in jedem Bereich meines Lebens zu spüren bekam. Wenn Er rüttelt, fällt alles Zeitliche ab und nur das bleibt übrig, was zu seinem Königreich gehört (Vers 28). Ich habe inzwischen gelernt, diesen Prozess zu schätzen. Ich werde fünf Auswirkungen einer solchen Erschütterung aufzählen.

1. Sie rüttelt uns wach.

Wenn meine Kinder tief schlafen, muss ich sie oft schütteln, um sie aus dem Schlaf zu reißen. Gott tut dasselbe mit seinen Kindern – Er rüttelt uns wach. Wachgerüttelt zu werden ist sicherlich nicht die angenehmste Weise, geweckt zu werden, doch sie ist am wirkungsvollsten. Wir werden hellwach und sind voll da!

2. Was reif ist, wird geerntet.

Ich lebe in Florida, wo es unzählige Orangenhaine gibt. Wenn die Erntezeit für Zitrusfrüchte gekommen ist, verwenden die Zitrusfrüchtebauern Maschinen mit mechanischen Armen, die die Äste der Bäume umklammern und sie schütteln. Dabei fallen die reifen Früchte in die darunter ausgespannten Netze. Nur die reifen Früchte fallen von selbst ab. Wenn Gott schüttelt, fallen die Dinge im Leben eines Gläubigen ab, die reif sind – sowohl die guten als auch die schlechten. Wir sehen das Resultat der Samen, die wir einmal gesät haben.

3. Sie entfernt das, was abgestorben ist.

Wenn der Wind stark genug weht, fegt er die welken Blätter von den Bäumen. Auch abgestorbene Äste und Zweige flattern im Wind davon. Nur die lebenden Teile bleiben am Baum und überleben den Sturm.

Wenn Gott an uns rüttelt, bleiben nur die Dinge seines Königreichs übrig. Gott schüttelt uns, um unsere toten Werke und leblosen Triebe zu entfernen. Es gibt keinen Grund, dass wir die Beseitigung all dessen, was alt und abgestorben ist, fürchten müssten, denn dadurch wird der Weg für neues Leben frei gemacht. Gott weiß, dass tote Werke uns belasten und regelrechte Brandstifter sind.

> *... so wird das Werk eines jeden offenbar werden, denn der Tag wird es klarmachen, weil er in Feuer geoffenbart wird. Und wie das Werk eines jeden beschaffen ist, wird das Feuer erweisen.*
>
> 1. Korinther 3, 13

4. Sie stärkt und baut auf.

Was der Erschütterung standhält und hinterher übrig bleibt, befindet sich nun näher am Fundament.

Mein Mann und ich hatten einmal einen internationalen Flug gebucht, bei dem eine Zwischenlandung auf der Insel Guam, die gerade ein schweres Erdbeben hinter sich hatte, vorgesehen war. Überall auf der Insel waren Hotels eingestürzt, weil die Bauherren die Kosten gescheut und nicht tief genug gegraben hatten, um das Fundament auf solidem Untergrund zu errichten. Die Gebäude kamen während des Erdbebens ins Wanken und sie versanken, bis sie auf etwas Stabiles stießen.

Unser Fundament soll Jesus Christus sein. Alles, was wir ohne seine Unterstützung aufbauen, wird Schaden erleiden.

> *... so wird das Werk eines jeden offenbar werden, denn der Tag wird es klarmachen, weil er in Feuer geoffenbart wird. Und wie das Werk eines jeden beschaffen ist, wird das Feuer erweisen.*
>
> 1. Korinther 3, 13

Gott erschüttert, damit die Dinge, die unerschütterlich sind, bleiben. Seine Erschütterung entfernt alles, was überflüssig ist, uns von Ihm trennt und ablenkt. Auf diese Weise bekommen wir die Möglichkeit, noch einmal neu zu bauen, diesmal auf dem richtigen Fundament – Christus.

5. Sie führt zur Einheit.

Stell dir vor, du würdest eine Tasse roten Sand und eine Tasse blauen Sand in eine Schale schütten und sie schütteln. Dann hättest du lila Sand. Hinterher wäre es fast unmöglich, den roten wieder vom blauen Sand zu trennen.

Wenn Gott die Gemeinde erschüttert, verbindet uns dies. Wir wachen auf, beenden unsere belanglosen Streitereien und erkennen, worauf es tatsächlich ankommt.

Wenn wir persönlich eine solche Erschütterung erleben, bekommen wir dadurch eine engere Beziehung zu Gott. Die Bande, die während schwieriger Zeiten geknüpft werden, reißen nicht so schnell wie die, die entstanden sind, als alles in Ordnung war. In guten Zeiten verzichten wir oft auf die Nähe Gottes, weil wir von so vielen anderen umgeben sind, die ihre Unterstützung und ihren ewigen Beistand bekunden. Doch wenn es uns schlecht geht, erweist nur Er sich als treu und macht seinen Bund der Liebe mit uns noch stärker.

Gott baut wieder auf

Eine Warnung: Wenn Gott an einem Bereich deines Lebens gerüttelt hat, versuche nicht, ihn selbst wieder aufzubauen. Erlaube Ihm, nur die Dinge wieder zu erneuern, die Er in deinem Leben sehen möchte.

Er erschüttert unser Haus, um festzustellen, worauf es gebaut ist. Diese Erschütterung wird alle verborgenen Götzen in unserem Leben ans Licht bringen. Ein Götze ist alles, in das wir unsere Kraft investieren und wovon wir unsere Stärke beziehen.

Wenn du deine Bestätigung, deine Liebe, dein Selbstwertgefühl, deine Freude, deine Kraft und deine Anerkennung aus einer anderen Quelle als Gott beziehst, wird Er daran rütteln. Er tut das nicht, um dich zu ärgern; Er tut es, damit du deine Lebenskraft von Ihm bekommst. Er weiß, dass dich alles andere letztendlich enttäuschen wird.

Nach einer Erschütterung sehen wir unseren Zustand aus der Sicht der Wahrheit Gottes. Wir sehen uns selbst gemessen am göttlichen Maßstab.

Wenn wir uns Gottes Wahrheit unterordnen, erleben wir echte Freiheit. Und diese Freiheit bleibt, wenn wir verantwortungsbewusst werden und für unser Handeln geradestehen. Nicht die Wahrheit, die du kennst, sondern die Wahrheit, nach der du handelst, macht dich frei. Wenn du Verantwortung übernehmen willst, musst du gehorsam sein.

Wir räumen einem Kind, das ungehorsam und rebellisch ist, nicht so viel Freiheit ein wie einem folgsamen, verantwortungsbewussten Kind. Ein ungehorsames Kind würde seine Freiheit dazu benutzen, sich aufzulehnen. Es würde rebellisches Verhalten mit Freiheit verwechseln. Durch Rebellion erreicht man keine Freiheit; sie führt zur Gebundenheit. Nur durch Gehorsam kann man echte Freiheit erlangen. Nimm diese Wahrheit, die der Heilige Geist in dein Herz hineinpflanzen möchte, an und lebe danach. Lass es zu, dass Gottes Wort dir in Fleisch und Blut übergeht.

Tagebuchauszug

Ich habe Meine Hand auf dich gelegt. Dieselbe Hand, von der Salbung ausgeht, kann auch Druck ausüben. Widerstehe also dem nicht, was Ich in dir tun möchte. Es ist ein guter Prozess, er soll reinigen, stärken, verändern und erneuern. Ich will etwas Neues in dir schaffen, eine neue Flamme werde Ich entzünden. Für dieses Feuer bereite Ich Mir ein Gefäß. Eine Leuchte für dieses Licht; eine, die nicht matt ist und das Licht nicht dämpft. Bei mir wirst du Ruhe finden, Mein Kind, deshalb hab keine Angst; verlasse dich auf Mich, während wir uns rasch zu diesem neuen Ort bewegen.

Bibelstellen zum Tagebuchauszug: Jes. 41, 13; 43, 19; Mt. 5, 14–16; 11, 28; 25, 1–13; 2. Tim. 2, 21

Teil II

Die Frucht der Angst

Dein wahres Ich ist nicht,
was du im Spiegel siehst.

7

Du bist nicht, was du siehst!

Was siehst du, wenn du in den Spiegel schaust? Wahrscheinlich könntest du, wie die meisten Frauen, sofort eine Liste all deiner Mängel, Unschönheiten und Falten aufstellen, ergänzt durch einige wenige Pluspunkte. Deine natürliche Bestandsaufnahme mag richtig sein, doch du musst eines wissen: Was du siehst, ist nicht, was du bist.

Du bist jemand, den niemand sehen kann – nicht dein Ehemann, nicht deine Freunde, nicht einmal deine Eltern. Dein wahres Ich kann vom natürlichen Auge nicht wahrgenommen werden und wird oftmals aufgrund deines äußerlichen Verhaltens falsch eingeschätzt. Dein wahres Ich ist nicht, was dir morgens im Spiegel entgegenschaut. Unser äußeres Erscheinungsbild kann in keinster Weise unser inneres Wesen korrekt wiedergeben. Unser wahres Leben ist verborgen.

Als ich eines Tages mein Spiegelbild einer kritischen Untersuchung unterzog, fragte mich der Heilige Geist: „Was siehst du?"

Ohne zu zögern antwortete ich: „Eine müde, gestresste Mutter."

Er erinnerte mich sanft: „Du bist nicht, was du siehst."

Ich fing sofort an, zu argumentieren und schaute noch genauer in den Spiegel: „Ich bin müde und ich bin gestresst und so sehe ich auch aus!"

Wieder hörte ich die Worte: „Du bist nicht, was du siehst!"

Ja, ich war müde und gestresst, doch das war nicht mein wahres Ich – das war, wie ich mich fühlte. Mein optischer Eindruck war richtig, doch er entsprach nicht der Wahrheit. Meine Gefühle und mein Zustand verändern sich, während Gottes Wahrheit unverändert bleibt und in seinem Wort verankert ist. Ich bin Geist, nicht

Körper. Ich habe zwar einen Körper, doch ich bin nicht nur ein Körper. Ich beurteilte mich nach dem, was ich hatte, nicht nach dem, wer ich war.

Eine offenbarende Position

Als ich noch jünger war, arbeitete ich gerne und mit gutem Erfolg als Werbebeauftragte einer führenden Kosmetikfirma. Außerdem hatte ich einen Wochenendjob als Maskenbildnerin beim Fernsehen. Als Werbebeauftragte war ich dienstlich in acht verschiedenen Staaten unterwegs. Fast jeden Montag stieg ich in ein Flugzeug, um eine andere Stadt zu besuchen. Die ganze Woche über schminkte ich Frauen und Freitagnachmittag kehrte ich nach Dallas zurück. Es war traumhaft! Ich war in den besten Hotels untergebracht, wo ich den Zimmerservice und ein Schaumbad genießen und jeden Abend drei Stunden in der Bibel lesen konnte. Und das Beste dabei war, dass meine tägliche Arbeit darin bestand, Frauen ein besseres Selbstwertgefühl zu vermitteln.

Ich hatte schon immer gern verschiedene Schminktechniken ausprobiert, doch mit der Zeit entwickelte ich daraus ein echtes Talent und konnte meine eigenen Mängel überdecken. Ich hatte mein rechtes Auge durch Krebs verloren, als ich fünf Jahre alt war, und mein künstliches Auge unterschied sich in Größe und Form von meinem gesunden. Deshalb probierte ich als Teenager alle möglichen Schminktricks aus, damit meine beiden Augen gleich aussahen. Nun konnte ich das Talent, das ich entwickelt hatte, zum Wohl anderer nutzen.

Was mich am meisten faszinierte, hatte jedoch nichts mit dem Schminken an sich zu tun – es war vielmehr die Verwandlung, die sich vollzog, wenn ich meinen Kundinnen das Make-up entfernte.

Selbstbewusst kamen Frauen zu mir, um ihren Termin wahrzunehmen. Sie stellten einige Fragen, warfen einen Blick auf die Kundin, die ich gerade behandelte, und verschafften sich einen Überblick über die erhältlichen Produkte und Farben.

Wenn ich mich einer neuen Kundin widmete, stellte ich eine Trennwand auf oder nahm die Dame mit in einen separaten

Raum. Während ich ihr Gesicht reinigte, konnte ich beobachten, wie sich fast jede Frau zusammenkauerte und ängstlich umherschaute – selbst wenn wir beide allein waren. Sie entschuldigten sich dafür, dass ihre Augenbrauen nicht gezupft waren und dass sie unreine Haut hatten. Viele machten auf mich einen ängstlichen und nervösen Eindruck. Sie wollten mich wissen lassen, dass sie eigentlich nicht so aussahen.

Ich versicherte jeder Frau, dass sie schön war, indem ich rasch ihre Pluspunkte hervorhob. „Sie haben wunderschöne Augen!" oder „Was für großartige Lippenkonturen!"

Während das Make-up wieder aufgetragen wurde, kehrte auch das Selbstbewusstsein der Frauen Stück für Stück zurück. Nun fühlten sie sich wieder sicher und sie stellten mir Fragen wie: „Wie haben Sie das gemacht?" oder „Wie weit soll ich meinen Lidstrich ziehen?" Bald waren wir die besten Freundinnen.

Viele der Frauen entschuldigten sich dafür, dass sie so nervös gewesen waren, kauften eine große Menge Make-up und Hautpflegeprodukte und gingen mit einem völlig neuen Selbstbewusstsein.

Ich freute mich, wenn eine Kundin zufrieden von mir wegging, doch trotzdem irritierte es mich, dass sich eine Frau ohne Make-up so verletzbar und unattraktiv fühlen konnte. Es war beinahe so, als ob ich etwas entdeckt hätte, wofür sie sich schämte, etwas, das sie versuchte zu verstecken – ihr Gesicht.

Wer setzt die Maßstäbe?

Vielleicht geht es dir genauso und du verteidigst deine Position mit dem Argument, dass es allen Frauen so geht! Das mag stimmen – aber soll das so sein? Du bist nicht, was du siehst!

Wir haben uns an einem Maßstab der Vollkommenheit gemessen – einem Maßstab, der uns immer mangelhaft erscheinen lässt! Es ist ein Standard, dem wir in den Ausgangsbereichen der Supermärkte begegnen, wenn wir die Frauen auf den Titelseiten der Mode- oder Fitnessmagazine betrachten, und er wurde von

Hollywood erzeugt (und ich meine wirklich *erzeugt*). Es ist ein Maßstab, der von denjenigen gesetzt wurde, die für das Vergängliche arbeiten. Ihr ganzes Leben dreht sich darum, ein Image oder ein äußeres Erscheinungsbild aufrechtzuerhalten.

Dieser Standard jubelt Jugend und Torheit hoch, während Alter und Weisheit verachtenswert dargestellt werden. Diese Erwartungshaltung herrscht in der Welt vor, doch ich wende mich im Augenblick nicht an weltliche Menschen. Ich rede zur Gemeinde. Wir haben erlaubt, dass weltliche Maßstäbe unser Leben und unseren Geschmack bestimmen. Die Welt urteilt nach Äußerlichkeiten, während Gott auf das Innere sieht. In der Welt ist der äußere Schein beliebt und die Wahrheit verhasst. Gott aber liebt die Wahrheit und Er hasst das verführerische Äußere.

Unter dem Einfluss leben

Die Israelitinnen waren von dem kulturellen Einfluss ihrer Zeit nicht unberührt geblieben. Sie hatten erlaubt, dass die Kultur, in der sie lebten, den Wert einer Frau bestimmte. Wie die heidnischen Frauen legten sie jedes erdenkliche Schmuckstück an, um Aufmerksamkeit auf sich zu ziehen.

> *Und der Herr sprach: Weil die Töchter Zions hochmütig sind und mit hochgerecktem Hals dahergehen und verführerische Blicke werfen, weil sie trippelnd einherstolzieren und mit ihren Fußspangen klirren: deshalb wird der Herr den Scheitel der Töchter Zions grindig machen, und der Herr wird ihre Stirn entblößen. An jenem Tag wird der Herr wegnehmen den Schmuck der Fußspangen und Stirnbänder und Halbmonde …*
>
> Jesaja 3, 16–18

Jesaja fährt an dieser Stelle fort, in allen Einzelheiten das modische Zubehör zu beschreiben, das weggenommen werden würde – vom Schmuck bis hin zum Handspiegel, vom Kleid bis zur Unterwäsche, vom Stirnband bis hin zur Handtasche. Klingt das vertraut? Und zum Abschluss schreibt er:

> *Und es wird geschehen, statt des Wohlgeruchs wird Moder sein und statt des Gürtels ein Strick, statt des*

Lockenwerks eine Glatze und statt des Prunkgewandes ein umgürteter Sack, ein Brandmal statt Schönheit.

Jesaja 3, 24

Letztendlich waren die Israeliten durch die kulturellen Einflüsse in Gebundenheit und Gefangenschaft geraten. Sie hatten all die Schönheit, die sie so viel Mühe gekostet hatte, und all die Accessoires, die sie verwendet hatten, um diese hervorzuheben, verloren.

Königinnen der Kamele

Diese Frauen waren meilenweit entfernt von Rebekka, die beim Wasserholen aus einer Quelle einen Schönheitswettbewerb gewann und ihrem Traumprinzen über den Weg lief.

Und das Mädchen war sehr schön von Aussehen, eine Jungfrau, und kein Mann hatte sie erkannt. Sie stieg zur Quelle hinab, füllte ihren Krug und stieg wieder herauf.

1. Mose 24, 16

Rebekka trug keinen teuren Schmuck, um auf sich aufmerksam zu machen. Wie sehr putzt du dich heraus, wenn du vorhast, in der Wüste Wasser zu schöpfen? Was sie schmückte, waren die guten Dinge, die sie tat. Sie war damit beschäftigt, für ihre Familie zu sorgen, und als sie einem Fremden begegnete, bot sie ihm ihre Gastfreundschaft an.

Und als sie ihm genug zu trinken gegeben hatte, sagte sie: Auch für deine Kamele will ich schöpfen, bis sie genug getrunken haben. Und sie eilte und goss ihren Krug aus in die Tränkrinne, lief noch einmal zum Brunnen, um zu schöpfen, und schöpfte so für alle seine Kamele. Der Mann aber sah ihr zu, schweigend, um zu erkennen, ob der Herr seine Reise würde gelingen lassen oder nicht. Und es geschah, als die Kamele genug getrunken hatten, da nahm der Mann einen goldenen Ring, ein halber Schekel sein Gewicht, und zwei Spangen für ihre Handgelenke, zehn Schekel Gold ihr Gewicht …

1. Mose 24, 19–22

Ihre Hilfsbereitschaft hatte ihr diesen Schmuck verschafft. Sie hatte nicht gearbeitet, um diesen Ring und die beiden Armspangen zu bekommen. Sie hatte keine Ahnung gehabt, dass sie Schmuckstücke bekommen würde. Sie arbeitete, weil sie eine Dienerin war.

Ebenso werden auch uns unsere guten Werke sowohl Schmuck als auch Gottes Versorgung einbringen. Es ist bemerkenswert, dass einige der Dinge, die Rebekka bekam, später den Töchtern Zions weggenommen wurden. Schmuck war nicht das Thema, hier ging es um das Motiv. Die Töchter Zion waren zu hochmütig, um zu dienen. Sie verwendeten ihre ganze Kraft und ihren Wohlstand für sich selbst und ihre eigene Schönheit und nicht dafür, etwas für andere zu tun. Als eine Katastrophe eintrat, waren sie schutzlos und hatten keine Versorgung.

Gott verlangt nicht von uns, auf Make-up zu verzichten und unseren Schmuck wegzuwerfen. Ich schminke mich und trage Schmuck, doch ich strebe nicht danach. Worauf es ankommt, ist, wofür du deine Kraft einsetzt und woran du deinen Wert misst. Welche Einflüsse duldest du in deinem Leben?

Pflegst du deine innere Schönheit mit demselben Eifer, wie du dich um dein Aussehen kümmerst? Wenn wir ehrlich sind, müssen wir wohl zugeben, dass wir es nicht tun. Wir donnern unser Äußeres auf Kosten unserer inneren Schönheit auf. Andere ziehen sich entsprechend auffällig oder unauffällig an, um von ihrem Innenzustand abzulenken.

> *Weil du sagst: Ich bin reich und bin reich geworden und brauche nichts, und nicht weißt, dass du der Elende und bemitleidenswert und arm und blind und bloß bist …*
>
> Offenbarung 3, 17

Wir dürfen unser inneres Befinden nicht länger verbergen, sondern müssen uns stattdessen von Gott heilen lassen. Er weiß sowieso, wie es in uns aussieht, und Er liebt uns trotzdem. Löse dich von den künstlich erzeugten Dingen und wende dich dem Übernatürlichen zu. Es ist sehr wichtig, dass wir uns hingeben und abgrenzen – nicht indem wir unsere natürliche Kleidung zerreißen, sondern indem wir den unsichtbaren Schleier unseres Herzens zerreißen.

Und zerreißt euer Herz und nicht eure Kleider und kehrt um zum Herrn, eurem Gott! Denn er ist gnädig und barmherzig, langsam zum Zorn und groß an Gnade, und lässt sich das Unheil gereuen.

Joel 2, 13

Wenn wir unsere Wünsche
und Rechte aufgeben,
bergen wir uns
unter den Schwingen seines Willens.

8

Wüstentöchter

Wenn Gott über die Ehe spricht, sind seine Perspektive und seine Äußerungen nicht auf unser bruchstückhaftes kulturelles Verständnis begrenzt; und Er richtet sich auch nicht danach.

> *Denn dein Gemahl ist dein Schöpfer, Herr der Heerscharen ist sein Name, und dein Erlöser ist der Heilige Israels: Gott der ganzen Erde wird er genannt. Denn wie eine entlassene und tiefgekränkte Frau hat dich der Herr gerufen und wie die Frau der Jugend, wenn sie verstoßen ist, – spricht dein Gott. Einen kleinen Augenblick habe ich dich verlassen, aber mit großem Erbarmen werde ich dich sammeln.*
>
> Jesaja 54, 5–7

Ob alleinstehend oder verheiratet, männlich oder weiblich, diesen Bund verspricht Gott jedem, der glaubt. Gott beschreibt sich hier als Ehemann einer untreu gewordenen Frau, die Er zunächst in seinem Zorn verstoßen hat, doch nur um ihr zu vergeben, sie wieder aufzubauen und wieder für sich zu gewinnen.

Er gebraucht eine lebhafte und gefühlvolle Bildersprache, um seine Beziehung zu seinem geliebten Israel in Worte zu fassen. Doch diese Analogie beschreibt nicht nur die Nation Israel, sie bezieht sich ebenso auf das geistliche Israel – die Kinder der Verheißung.

Unser Ehebund

Im Hinblick auf diese Beziehung wird im Neuen Testament folgender Vergleich gemacht:

> *Deswegen wird ein Mensch Vater und Mutter verlassen und seiner Frau anhängen und die zwei werden ein Fleisch sein. Dieses Geheimnis ist groß, ich aber deute es auf Christus und die Gemeinde.*
>
> Epheser 5, 31–32

Wenn du als Gläubiger zur Gemeinde gehörst, ist dies dein Ehebund. Die damit verbundenen Prinzipien, Zusagen und die Versorgung gelten für dich. Sie sind für jeden alleinstehenden oder verheirateten Mann, für jede alleinstehende oder verheiratete Frau zugänglich, ob Jude oder Heide. Im Römerbrief wird die Kraft dieses neuen Bundes veranschaulicht:

> *Oder wisst ihr nicht, Brüder – denn ich rede zu denen, die Gesetz kennen –, dass das Gesetz über den Menschen herrscht, solange er lebt? Denn die verheiratete Frau ist durchs Gesetz an den Mann gebunden, solange er lebt; wenn aber der Mann gestorben ist, so ist sie losgemacht von dem Gesetz des Mannes. So wird sie nun, während der Mann lebt, eine Ehebrecherin genannt, wenn sie eines anderen Mannes wird; wenn aber der Mann gestorben ist, ist sie frei vom Gesetz, so dass sie keine Ehebrecherin ist, wenn sie eines anderen Mannes wird. So seid auch ihr, meine Brüder, dem Gesetz getötet worden durch den Leib des Christus, um eines anderen zu werden, des aus den Toten Auferweckten, damit wir Gott Frucht brächten.*
>
> Römer 7, 1–4

Wir gehören zusammen. Unser früherer Ehemann war das Gesetz der Sünde und des Todes; unser neuer Mann ist Christus. Wir sind für das Alte gestorben, um für das neue Leben frei zu sein. Beachte, dass die übergeordnete geistliche Bedeutung anhand eines untergeordneten natürlichen Beispiels veranschaulicht und erklärt wird. Dass geistliche Wahrheiten durch natürliche Gesetzmäßigkeiten verdeutlicht werden, schwächt deren Wert nicht im Geringsten; im Gegenteil, sie gewinnen dadurch an Bedeutung. Der tiefere geistliche Sinn unterstreicht die Gesetze der Natur und erhält sie aufrecht.

Wenn du also deinen Schöpfer als Ehemann anerkennst, wird dadurch nicht die natürliche Gesetzmäßigkeit des Ehebundes zunichte gemacht, sondern das Höhere löst das Geringere ab und umgibt es mit übernatürlichem Schutz und übernatürlicher Fürsorge. Erst wenn man die Wahrheit anerkennt und anwendet, kann man verstehen, was der wahre Sinn und Zweck einer Ehe ist.

Sie ist auf die Beziehung mit Gott gegründet. Ein Mann, Adam, und seine Frau, Eva, existieren als Einheit und sind wiederum eins mit ihrem Schöpfer. Das ist der göttliche Plan.

Ich habe natürliche Beispiele verwendet, um übernatürliche Wahrheiten zu erklären. Ich werde in diesem Buch später noch ausführlicher auf die natürliche Ehe eingehen. Doch im Augenblick möchte ich von den natürlichen Dingen weggehen und mich geistlichen Inhalten zuwenden.

Von jetzt an rede ich im Rest dieses Kapitels nicht mehr über den natürlichen Aspekt des Single-Seins oder der Ehe. Mir kommt es nun auf die Beziehung zwischen Gott und dem Gläubigen an.

Wenn wir es Ihm erlauben, wird der Heilige Geist uns Gott als unseren Ehemann vorstellen und bekannt machen. Er hat unser Vertrauen verdient und sein Wort ist es wert, dass wir ihm gehorchen. Ich bete, dass du die Schriftstellen, die in diesem Kapitel angeführt werden, so studierst, als würdest du sie zum ersten Mal lesen.

Zeitlose Schönheit

Gott hat Frauen beispielhaft benutzt, seine Braut und die Gemeinde zu beschreiben. Aus diesem Grund glaube ich, dass die Anweisungen, die Gott den Frauen gegeben hat, gleichzeitig ein Schlüssel für jeden Gläubigen sind.

> *Euer Schmuck sei nicht [nur] der äußerliche durch [kunstvolles] Flechten und Knüpfen der Haare und Umhängen von Gold oder Anziehen von Kleidern, sondern der innere Schmuck und die Schönheit des im Herzen verborgenen Menschen im unvergänglichen und nicht dahinschwindenden Charme des sanften und stillen Geistes, der [nicht ängstlich oder aufgebracht, sondern] vor Gott sehr kostbar ist.*
>
> 1. Petrus 3, 3–4 (*Amplified Bible*; wörtlich übersetzt)

Beachte, dass es Gott sehr schätzt, wenn wir Ihm vertrauen. Er sieht die innere Schönheit, die anderen vielleicht entgeht. Sie altert niemals, schwindet und vergeht nicht. Sie ist zeitlos und von unschätzbarem Wert. Gott ist sie sehr kostbar. Und was Ihm lieb und wert ist, bewacht und beschützt Er.

> *Denn so schmückten sich auch einst die heiligen Frauen, die ihre Hoffnung auf Gott setzten und sich ihren Männern unterordneten ...*
>
> 1. Petrus 3, 5

Wir werden mit unvergänglicher, zeitloser Schönheit geschmückt, wenn wir uns willentlich mit dem Willen Gottes in Einklang bringen und uns Ihm unterordnen. Wenn wir unsere eigenen Wünsche und Rechte aufgeben, unterwerfen wir uns seinem Willen und begeben uns bildlich gesprochen unter seine schützenden Schwingen. Hier ist ein Beispiel für Gottes zeitlose Schönheit:

> *... wie Sara dem Abraham gehorchte und [seiner Führung folgte und ihn als Haupt über sich anerkannte, indem sie] ihn Herr (Meister, Führer, Autorität) nannte ...*
>
> 1. Petr. 3, 6a (*Amplified Bibel*; wörtlich übersetzt)

Als Sara und Abraham durch fremde Länder kamen, hatte er Angst um seine eigene Sicherheit, weil Sara so schön war. Ihre Schönheit war so außergewöhnlich, dass Könige sie in ihrem Harem haben wollten – und sie war keine junge Frau mehr, sondern bereits zwischen 70 und 80 Jahre alt. Deshalb sagte Abraham zu Sara:

„Sage doch, du seiest meine Schwester, damit es mir gut geht um deinetwillen und meine Seele deinetwegen am Leben bleibt!"

> *Und es geschah, als Abraham nach Ägypten kam, da sahen die Ägypter, dass die Frau sehr schön war. Und die Hofbeamten des Pharao sahen sie und rühmten sie vor dem Pharao; und die Frau wurde in das Haus des Pharao geholt.*
>
> 1. Mose 12, 13–15

> *Und Abimelech sagte zu Abraham: Was hast du damit beabsichtigt, dass du dies getan hast? Und Abraham sprach: Weil ich mir sagte: Gewiss gibt es keine Gottesfurcht an diesem Ort, und sie werden mich erschlagen um meiner Frau willen.*
>
> 1. Mose 20, 10–11

Gott beschützte Sara selbst dann, als ihrem Ehemann seine eigene Sicherheit wichtiger war als ihre. Gott handelte übernatürlich, um sie vor den Königen zu bewahren, die sie in ihren Harem aufgenommen hatten. Dies tat Gott, weil sie für Ihn etwas besonders Wertvolles war. Wir sollen ihrem Beispiel folgen, indem wir Gottes Führung und Autorität anerkennen und uns Ihm unterordnen.

> *Und ihr seid nun ihre wahren Töchter geworden, wenn ihr richtig handelt und euch durch nichts Angst einjagen lasst [hysterischen Ängsten keinen Raum gebt und euch nicht von Sorgen zermürben lasst].*
>
> 1. Petrus 3, 6b (*Amplified Bibel*; wörtlich übersetzt)

Sara hatte keine natürlichen Töchter. Doch dieser Vers verspricht uns, dass wir ihre Töchter sein können. Ich glaube, dass wir die versprochenen Töchter sind, die Töchter der freien Frau, wenn wir uns wie unsere Mutter Sara verhalten. Das heißt, wir tun die Dinge, von denen wir wissen, dass sie richtig sind, geben uns nicht unseren hysterischen Befürchtungen hin und lassen uns nicht von Sorgen unseren Mut rauben.

Sara war eine freie Frau. Sie wurde geachtet und genoss Ansehen, weil sie Gott und ihren Mann ehrte und achtete. Hagar jedoch war eine Sklavin, eine Gefangene, die ihre Herrin Sara verachtete. Hagars Sohn Ismael folgte dem Beispiel seiner Mutter und verspottete Isaak. Sara begriff, dass es eine Trennung zwischen den Sklaven und den Freien geben musste.

> *... Stoße die Magd und ihren Sohn hinaus, denn der Sohn der Magd soll nicht mit dem Sohn der Freien erben.*
>
> Galater 4, 30

Nicht nur der Sohn der Sklavin wurde vom Erbe ausgeschlossen, sondern auch die Sklavin selbst musste auf ihr Erbteil verzichten. Die freie Frau und die Sklavin hatten beide denselben Ehemann. Beide hatten Söhne, und doch war ihre Beziehung zu Abraham sehr unterschiedlich. Hagar symbolisiert die Fleischlichkeit und die damit einhergehende Gebundenheit, während Sara die Freiheit und die Zusagen des neuen Bundes repräsentiert. Im Galaterbrief wird diese Tatsache folgendermaßen beschrieben:

... aber der von der Magd war nach dem Fleisch geboren, der von der Freien jedoch durch die Verheißung. Dies hat einen bildlichen Sinn; denn diese Frauen bedeuten zwei Bündnisse: eines vom Berg Sinai, das in die Sklaverei hinein gebiert, das ist Hagar. Denn Hagar ist der Berg Sinai in Arabien, entspricht aber dem jetzigen Jerusalem, denn es ist mit seinen Kindern in Sklaverei. Das Jerusalem droben aber ist frei, und das ist unsere Mutter.

Galater 4, 23–26

Hier ist es wieder – das Versprechen an die Nachkommen Saras. Saras Schönheit war unvergänglich, nicht nur als sie jung war, sondern auch im Alter! Sie war im Natürlichen ein prophetisches Bild für die zeitlose, unauslöschliche Schönheit, die in Christus zu finden ist.

Saras Schönheitskur

Aus diesen Berichten geht eindeutig hervor, dass Sara eine außergewöhnliche Schönheit gewesen sein muss. Wollen wir uns also einmal anschauen, woraus ihre Schönheitskur bestand:

1. Sie gab alles auf, was für sie angenehm und was ihr vertraut war.
2. Sie folgte ihrem Mann in ein fremdes Land.
3. Sie lebte in einem Zelt in der Wüste.
4. Sie vertraute Gott; sie fürchtete sich nicht und machte sich keine Sorgen.

Das hatte nichts mit dem Leben einer verwöhnten Königin im Palast zu tun. Es war vielmehr ein Leben, das sich ständig veränderte und für das man Glauben benötigte. Sie ließen sich an einem Ort nieder, um dort einige Zeit zu wohnen (wenn man das Leben in einem Zelt überhaupt als „wohnen“ bezeichnen kann). Dann zogen sie wieder weiter durch die Wüste an einen anderen Ort. Sie wartete ständig darauf, dass sich Gottes Versprechen erfüllte und vertraute der Führung ihres Ehemannes. Sie respektierte ihren Mann und gehorchte ihm, und dieser respektierte und gehorchte Gott. Es gibt keinen Bericht darüber, dass sie sich jemals beschwert hätte. Sie schaute nie zurück auf das, was sie verlassen hatte. Abraham, der Vater des Glaubens, und seine Prinzessin, Sara, repräsentieren beispielhaft und vorbildlich Christus und seine Braut, die Gemeinde.

Wir sind dazu berufen, uns von Christus abhängig zu machen und uns Ihm unterzuordnen. Er ist unser Haupt und alle, die glauben, sind seiner Herrschaft, seiner Führung und seiner Autorität unterstellt. Doch das braucht uns nicht zu ängstigen! Er ist uns Schöpfer-Ehemann. Er hat uns durch seine Liebe geschmiedet.

Im nächsten Kapitel werde ich darauf eingehen, wie diese Wahrheiten auf den natürlichen Ehebund angewendet werden.

Wenn wir das Gefühl haben,
die Kontrolle verloren zu haben,
versuchen wir, alles uns Mögliche
zu kontrollieren.

9

Alles im Griff – und trotzdem unglücklich!

Wir hatten das Jahr 1987. Ich war völlig gestresst, weil ich verzweifelt versuchte, in meinem Beruf professionell zu arbeiten, eine vollkommene Mutter und eine perfekte Ehefrau zu sein. Mein ältester Sohn war damals noch nicht einmal ein Jahr alt. Ich stillte ihn immer noch, weshalb ich in der Arbeit Milch abpumpen und die Mittagspause bei der Pflegemutter verbringen musste. Ich achtete peinlich genau darauf, dass die Säuglingsnahrung ausschließlich aus ökologisch angebautem Obst und Gemüse bestand und bereitete alles selbst zu.

Mein herausfordernder Arbeitsplan reichte bis in die Wochenenden hinein. Ich wurde im Büro sowohl mit beruflichen als auch persönlichen Herausforderungen konfrontiert. Trotz alledem versuchte ich ständig, perfekt auszusehen und zu handeln. Ich passte sorgfältig auf, dass niemand bemerkte, dass ich unter dem Druck der an mich gestellten Anforderungen fast zusammenbrach. Um auch wirklich alles zu schaffen, hielt ich mich an einen strengen Zeitplan und ich wurde besessen davon, alles unter Kontrolle zu behalten.

Vielleicht hast du bemerkt, dass ich meinen Ehemann mit keinem Sterbenswörtchen erwähnt habe. Dafür gibt es einen Grund: Für mich stand er auf meiner Prioritätenliste an letzter Stelle. Ich rechtfertigte meine Einstellung mit dem Argument, dass er ein erwachsener Mann sei, der für sich selbst sorgen könne. Und schließlich erforderten all diese Bereiche meine Aufmerksamkeit und meine Sachkenntnis.

Doch es gab noch einen tieferen Grund für mein mangelndes Interesse. John und ich hatten gelernt, in unseren getrennten Welten nebeneinanderher zu leben. Wenn diese beiden Welten gelegentlich aufeinander trafen, fand eine explosive Reaktion statt, die sich in Ärger und lieblosen Worten äußerte.

Zu jener Zeit arbeitete ich mehr Stunden als John und war allein für die Betreuung unseres Kindes verantwortlich. In meinen Augen war Johns Verhalten mir, meinen Bedürfnissen und den Anforderungen in meinem Leben gegenüber gleichgültig und unsensibel. Ich hatte das Gefühl, er täte nicht seinen Teil. Deshalb nörgelte ich, kritisierte ihn und setzte ihn herab, was sich als erfolgloser Versuch, ihn zu ändern, herausstellte.

John war damals nicht der Mann, der er heute ist. Er befand sich damals in einer sehr unangenehmen Veränderungsphase und er war entschlossen, herauszufinden, was Gott mit seinem Leben vorhatte und wie Er es gestalten wollte. Dies wollte er in die Tat umsetzen. Doch es schien gerade so, als ob er Gottes Führung immer mehr aus den Augen verlor, je mehr er sich darum bemühte. John wurde unsicher und verlor sein Selbstbewusstsein. Er hatte diese oder jene Aussichten und setzte seine ganze Hoffnung darauf – nur um wiederum enttäuscht zu werden.

Auch ich war enttäuscht und entmutigt. Ich fragte mich langsam, ob John überhaupt noch fähig war, von Gott zu hören. Ich hatte es satt, vollzeitlich zu arbeiten. Ich wollte mit meinem Sohn zuhause bleiben, doch ich traute mich nicht, zu kündigen. In meiner Frustration war ich zynisch geworden und hatte die Einstellung entwickelt: „Ich glaube es, wenn ich es sehe".

Wenn John begeistert auf mich zukam, um mir mitzuteilen, was Gott ihm gezeigt hatte, seufzte ich und verdrehte die Augen. „Schon wieder!", dachte ich. Ich war sehr schnell dabei, ein Urteil zu fällen und mir eine Meinung zu bilden. Ich war dem gedanklichen Irrtum zum Opfer gefallen, Gott hätte John und mich zusammengeführt, weil ich so klug war (meiner Meinung nach, natürlich) und John gute Ratschläge geben konnte. Ich hielt es von nun an und in Zukunft für meine Aufgabe, ihn an meiner kritisierenden Weisheit und meinem Durchblick teilhaben zu lassen.

Oft hatte ich die Lage auch richtig beurteilt, und das ließ ich John auch unverzüglich wissen. „Siehst du, ich habs dir doch gesagt!", warf ich ihm großtuerisch vor. Ich dachte, diese Erkenntnis würde bewirken, dass John erkennen würde, wie dringend er meinen Rat brauchte, und dass unsere Beziehung dadurch wieder enger würde. Doch ich erreichte damit genau das Gegenteil! Ich war eine Besserwisserin, die John das Gefühl vermittelte, er sei ein Versager.

Da ich ihm das Gefühl gab, dass nicht einmal seine eigene Frau an ihn glaube, zog er sich immer mehr von mir zurück. Bald suchte er sich außerhalb unserer Ehe Rat. Wir beide entfernten uns immer weiter voneinander.

Ich arbeitete weiterhin vollzeitlich, während John nur eine Teilzeitstelle hatte. Er betete, fastete, redete stundenlang mit seinen Freunden und spielte Golf. Währenddessen war ich gestresst und machte mir Sorgen über unsere soziale Absicherung und darüber, wie wir finanziell über die Runden kommen würden. Ich ärgerte mich, dass er sich nicht darum kümmerte, und ich gab ihm die Schuld dafür, dass ich unter einem solchen Druck stand. Mein Arbeitgeber war gerade dabei, eine Menge Angestellte zu entlassen, und ich hatte Angst um meinen Arbeitsplatz. Sorgen und Stress gehörten für mich inzwischen zum täglichen Leben. Obwohl ich körperlich völlig erschöpft war, war ich nicht fähig, abzuschalten und mich auszuruhen. Sogar im Schlaf kämpfte ich noch gegen Sorgen und Ängste an.

Krisenbewältigung

Tatsache ist, dass wir nie wirklich eine Krise hatten. Ich plante nur stets voraus und machte mir schon im Voraus Sorgen über meine zukünftigen Schwierigkeiten. Schon bald sah ich vor lauter Ängsten und Befürchtungen weder ein noch aus. Und ich wollte, dass John wenigstens einen Teil des Drucks spürt, der auf mir lastete.

Doch so sehr ich mich auch bemühte, John davon zu überzeugen, dass er sich ebenso wie ich Sorgen machen sollte – er tat es einfach nicht. Er hielt dagegen, Gott habe alles unter Kontrolle. Ich war vom Gegenteil überzeugt. Meiner Meinung nach war ich diejenige, die alles zusammengehalten hatte, und nun fühlte ich, wie mir die Zügel langsam aus der Hand glitten. Darauf reagierte ich mit

Panik. Ich war überzeugt davon, dass John sich nur herausreden wollte. „Was ist, wenn ich meinen Job verliere?", bohrte ich nach. „Dann haben wir keine soziale Absicherung mehr!"

„Wirst du denn deine Arbeitsstelle verlieren?", fragte John mich daraufhin.

„Nein, natürlich nicht!", entgegnete ich. „Aber was wäre, wenn ...? Hast du einen Plan?"

„Gott hätte einen, wenn es so weit kommen sollte", antwortete John gelassen. „Lisa, hör einfach damit auf und überlasse es Gott." „Niemals!", dachte ich. „Wenn ich mich nicht um alles kümmere, wird gar nichts geschehen."

Ich fühlte mich so machtlos, dass ich versuchte, alles unter Kontrolle zu bekommen, was ich nur konnte. Ich meinte, es sei meine Aufgabe, John an alles zu erinnern, was er tun sollte. Ich nörgelte wegen des Mülls, doch als ich nach der Arbeit nach Hause kam, stand er immer noch in der Küche.

Für mich war es außerordentlich wichtig, verantwortungsbewusst zu sein, und das bedeutete für mich, dass ich mich um alles sorgte. Da John nicht bereit war, mich dabei zu unterstützen, machte ich mir Sorgen für uns beide. Ich litt Qualen, weil ich unsere Zukunft und unsere finanzielle Sicherheit von meiner begrenzten Leistungsfähigkeit abhängig machte.

Manchmal wurden meine Ängste so extrem, dass ich John aus seinem tiefen Schlaf riss, um ihm mitzuteilen, dass ich eine Last tragen musste, die über mein Vermögen ging. „Wenn du dich nur um diese Dinge kümmern würdest, könnte ich endlich zur Ruhe kommen", beschwerte ich mich. Doch John gab nicht nach. Er schlug mir erneut vor, meine erdrückenden Sorgen an Gott zu übergeben und zu schlafen. Doch das wollte ich nicht tun. Ich wollte sie an John weitergeben!

Hier niedergeschrieben erscheint meine Denkweise absurd, doch zur damaligen Zeit war sie für mich völlig logisch und vernünftig. Die Ängste, die meinen Vorstellungen entsprangen, erlebte ich genauso real, wie wenn sich die Dinge, die ich befürchtete, tatsächlich ereignet hätten. Einige Leser werden mich vielleicht auslachen, andere können sich hingegen sehr gut mit meinen panischen Ängsten identifizieren.

Das Joch ablegen

Sorgen ist sowohl ein Substantiv als auch ein Verb. In der Verbform bedeutet es „belästigen, ärgern, irritieren, plagen und peinigen". Ich erlebte jede einzelne dieser Definitionen. Ich wurde terrorisiert, also terrorisierte ich andere. Sorge ist Unglaube in Aktion und der Zündstoff dafür ist Angst.

Ich litt ständig unter Angst und die Sorgen erstickten das Wort Gottes in meinem Leben. In Gedanken kam ich nie zur Ruhe. Ich grübelte ständig, während ich wie bei einem Spießrutenlauf in Gedanken jede nur vorstellbare Krise durchlebte.

Es erübrigt sich, zu sagen, dass es schon sehr lange her war, dass ich das letzte Mal zur Ruhe gekommen war und mich entspannt hatte. Die Anspannung war mein ständiger Begleiter und Jammern und Nörgeln bestimmten den größten Teil meiner Unterhaltungen.

Ich dachte, dass ich vielleicht etwas kürzer treten müsse, bevor ich ins Bett ging. Also versuchte ich, mich zu entspannen, indem ich mich mit besonders angenehmen Badezuzätzen in die Badewanne legte oder unter die Dusche stellte. In der Wanne tauchte ich so tief unter, dass nur noch die Nase aus dem Wasser schaute. So konnte ich zwar immer noch atmen, musste aber nichts mehr hören oder sehen. Doch selbst unter Wasser kannst du dem nicht entfliehen, was sich in deinen Gedanken abspielt. An manchen Abenden duschte ich so lange, bis kein heißes Wasser mehr kam, doch auch das brachte nichts. Es gelang mir einfach nicht, den inneren und äußeren Druck, unter dem ich stand, loszuwerden.

Ich war so angespannt, dass meine Schulter- und Nackenmuskulatur völlig verkrampft war. Ich hatte das Gefühl, für etwas verantwortlich zu sein, das ich in eigener Kraft nicht ändern konnte, und diese hoffnungslose Situation frustrierte mich maßlos. Meine Last war zu schwer, weil sie eigentlich gar nicht für mich bestimmt war.

Als ich eines Abends wieder unter der Dusche stand, beschwerte ich mich ausnahmsweise einmal bei Gott, und nicht bei John, über diese schwere Bürde. Ich jammerte und erklärte Ihm, wie überlastet ich mich fühle, weil ich nichts von dieser Last an John abgeben könne. Er dachte ja nicht einmal daran, den Müll rauszubringen, wie konnte ich ihm da eine wichtigere Aufgabe übertragen? Ich wand mich wie ein Aal und rechtfertigte mich dafür, dass ich die Zügel nicht aus der Hand geben konnte.

„Lisa, bist du der Meinung, John sei eine gute Führungspersönlichkeit?“, fragte mich der Herr sanft.

„Nein, ich denke nicht!“, antwortete ich mit Nachdruck. „Ich habe kein Vertrauen zu ihm.“

„Lisa, du brauchst John nicht zu vertrauen“, entgegnete Er. „Du musst nur mir vertrauen. Du bist der Ansicht, John erfülle seine Aufgabe als Familienoberhaupt nicht zufriedenstellend, und du denkst, du könntest es besser machen. Die Anspannung und die Unruhe, die du spürst, sind die Last und der Druck, die das Haupt der Familie zu tragen hat. Für dich ist es ein Joch, aber für John ist es ein Mantel. Gib es ab, Lisa!“

Plötzlich ging mir ein Licht auf. Die Führung unseres Haushaltes erdrückte mich, weil es nicht meine Aufgabe war, diese Rolle auszufüllen. Für John dagegen wäre es keine Belastung, weil Gott ihm die Fähigkeit gegeben hatte, diese Position zu übernehmen. Mir wurde klar, dass ich die Leitung in unserem Haushalt an mich gerissen und regelrecht um die führende Position gerungen hatte. Ich erkannte auch, wie kritisch ich geworden war – immer auf der Suche nach Fehlern. Statt meinen Ehemann aufzubauen und an ihn zu glauben, hatte ich ihn niedergemacht. Und er hatte als Gegenreaktion seine Autoritätsstellung an mich abgetreten und ich hatte ein Chaos herbeigeführt.

Zerknirscht drehte ich die Dusche ab und griff nach einem Handtuch. John war in unserem gemeinsamen Schlafzimmer. Ich entschuldigte mich unter Tränen bei ihm für mein ständiges Jammern und Nörgeln und dann versprach ich ihm hoch und heilig: „John, ich werde hinter dir stehen und dich unterstützen. Ich glaube an dich.“

Zu jenem Zeitpunkt war ich mir nicht sicher, was ich unterstützen würde und an was ich glauben würde. Ich wusste nur eins: John brauchte diese Unterstützung dringend, und das war wichtiger, als dass ich im Detail wissen musste, was geschehen würde und warum. Es war mir klar geworden, dass unser Familienleben völlig aus den Fugen geraten war, und ich wollte, dass Gott das Chaos, das ich angerichtet hatte, wieder in Ordnung brachte. John seinerseits entschuldigte sich dafür, dass er die Führung nicht übernommen und sich von mir zurückgezogen hatte. Wir schlossen einen Bund der Liebe und nahmen uns fest vor, einander zu unterstützen und vom anderen zu zehren.

In dieser Nacht gab ich die Hoffnung, dass sich meine Träume erfüllen und meine Bedürfnisse jemals erfüllt würden, endgültig auf und es kümmerte mich nicht einmal. Das erste Mal seit Jahren kam ich endlich zur Ruhe und konnte schlafen. Ich war von meinem Joch befreit worden.

Joch und Mantel

Um zu verstehen, was geschehen war, muss man die Bedeutung eines Jochs[1] verstehen. Ein Joch symbolisiert den Druck, der von einer schweren Verantwortung, einer Pflicht oder von Sünde herrührt. Es repräsentiert eine Bürde, die so schwer auf einem lastet, dass man sie nicht abschütteln kann, sondern von ihr kontrolliert wird. Der Träger der Last hat keine Macht über sie; das Joch herrscht über ihn. Es steht für Sklaverei und Knechtschaft. Die Redewendung „ein Joch zerbrechen" bedeutet, deine Freiheit sicherzustellen.

Wir sind immer dann unterjocht, wenn wir uns etwas aufladen, das Gott nicht für uns bestimmt hat. Und dies ist nicht nur auf die Ehe begrenzt. Wenn ich diene, kann ich oftmals erkennen, wenn jemand unterdrückt und depressiv ist oder unter Angst leidet. Ich nehme nicht nur ihre äußere Erscheinung wahr, sondern kann die Belastung und den Druck, der durch das Joch auf ihren Schultern liegt, regelrecht spüren. Im Geist kann ich sehen, wie dieser Mensch von dem Gewicht niedergedrückt wird, weil die Bürde so schwer ist, dass er sie nicht tragen kann. Der oder die Betreffende kämpft und ringt, um sie abzuwerfen, doch das Joch hält ihn oder sie gefangen. Das Joch ist nicht für diesen Menschen bestimmt. Dieser Vergleich gilt nicht nur für den natürlichen Ehebund, sondern kann auf jede Belastung bezogen werden, die wir unrechtmäßig auf uns nehmen.

Ein Mantel dagegen repräsentiert Schutz, Wärme, Bedeckung und eine Position.[2] Er sollte in keinster Weise einschränkend sein, ein ärmelloser Umhang, der über der restlichen Kleidung getragen wurde. Er war weit genug, dass man in seinen Taschen Dinge transportieren und verbergen konnte. Nachts wurde er als Bettdecke verwendet.

Das Muster und die Beschaffenheit des Mantels verrieten den sozialen Status oder die Position des Trägers. Samuels Mantel war von seiner Mutter angefertigt worden und war eine Nachbildung des priesterlichen Gewandes. Josephs Mantel war sehr farbenprächtig und deshalb aufsehenerregend; durch ihn stach er unter seinen Brüdern hervor. Jesaja und Johannes, der Täufer, trugen Mäntel aus Tierhäuten, was auf die einzigartige prophetische Berufung hinweisen sollte, die beide hatten.

Ein Mantel bedeckt unsere Blöße, verdeckt unsere Mängel, in ihm können wir Proviant transportieren und er weist die anderen auf unsere Autorität oder Position hin.

Ich war unter ein Joch geraten und John hatte seinen Mantel verloren. Es war kein Wunder, dass es bei uns drunter und drüber gegangen war! Als ich mich dem Plan, den Gott für die Familie vorgesehen hat, unterordnete, zerbrach mein Joch, während John mit dem göttlichen Mantel der Leiterschaft bekleidet wurde. Und nicht nur er war nun umhüllt, sondern auch ich, denn der Mantel war so weit, dass er für alle ausreichte, die sich unter Johns Obhut befanden. Wenn wir uns Christus untergeordnet haben, sind wir von seinem Mantel bedeckt und in alles eingehüllt, was dieser repräsentiert.

---

1. *Nelson's Illustrated Bible Dictionary* (Nashville, Tenn.: Thomas Nelson, 1986), s. v. tools of the Bible, auch *The New Smith's Bible Dictionary* (Garden City, N.Y.: Doubleday and Co., 1966). s. v. yoke

2. *Nelson's*, s. v. dress of the Bible. *Smith's*, s. v. mantle

Diese geistliche Gesetzmäßigkeit gilt für jeden – ob Frau oder Mann, ob verheiratet oder alleinstehend. Christus ist dein Priester, dein Beschützer und dein Versorger. Sei so mutig und vertraue Ihm und der Autoritätsstruktur, die Er errichtet hat. Er ist unser Ehemann und Fürsprecher beim Vater.

Baustelle

Am Anfang fiel es mir sehr schwer, die Kontrolle aus der Hand zu geben. Doch all die Ereignisse jenes letzten Jahres hatten mich zu der Einsicht gebracht, dass ich die Kontrolle nie wirklich gehabt hatte – ich hatte lediglich gegen Gottes Kontrolle angekämpft.

Während ich das Chaos betrachtete, das ich angerichtet hatte, wusste ich, dass ich nicht länger mir selbst vertrauen konnte. Es war höchste Zeit, dass ich Gottes Weisheit den Vortritt ließ. Die Zeit war gekommen, das, was zerstört worden war, wieder neu aufzubauen.

> *Die Weisheit der Frauen baut ihr Haus, aber die Narrheit reißt es mit eigenen Händen nieder.*
>
> Sprüche 14, 1

Bei dem törichten Versuch, in eigener Kraft für Sicherheit und Ordnung zu sorgen, hatte ich – ohne es zu wollen – alles kaputt gemacht. Ich hatte die göttliche Ordnung zerstört. „Wenn der Herr das Haus nicht baut, arbeiten seine Erbauer vergebens daran" (Ps. 127, 1). Es war sonnenklar, dass all mein Sorgen und mein Stress sowohl für meine Gesundheit als auch für unsere Ehe sinnlos und schädlich gewesen waren.

Oftmals entscheiden wir uns, die Dinge selbst in die Hand zu nehmen, wenn es uns nicht gefällt, mit welcher Geschwindigkeit Gottes Werk in unserem Leben oder im Leben unserer Mitmenschen voranschreitet. Doch statt sie aufzubauen, bringen wir die Schutzmauern, die Gott um unsere Beziehungen herum aufgebaut hat, zum Einstürzen. Und diese Zerstörung geschieht durch ein ständiges Bombardement mit Kritik, herabsetzenden Worten, Nörgeln und Beklagen.

Während ich verzweifelt versuchte, alles zusammenzuhalten, musste ich hilflos zusehen, wie mir die Zügel aus der Hand glitten. Ich grabschte und klammerte, doch als ich meine Hände öffnete, waren sie leer. Ich war so dankbar, dass Gott mein unsinniges Verhalten ans Licht gebracht hatte, bevor es zu spät war.

So oft fürchten wir uns davor, Gott zu vertrauen, dass Er unser Haus schon richtig baut. Also greifen wir auf unseren eigenen Plan zurück und fangen an, zu bauen. Wenn wir dabei auf unverrückbare Mauern und fehlerhafte Fundamente stoßen und das Material zu Ende geht, rufen wir um Hilfe!

Vielleicht befindest du dich im Augenblick gerade in solch einer Situation. Gott wartet. Er wird aus dem Schatten hervortreten, aus dem Er geduldig dein fieberhaftes Projekt beobachtet hat. In seiner Gnade hat Er uns zugesichert, dass sein Plan der beste ist. Seine Version beinhaltet nicht nur, dass wir in jeder Hinsicht versorgt werden, sondern dass sogar unsere geheimsten, unausgesprochenen Wünsche in Erfüllung gehen.

Als ich mich nicht länger dafür verantwortlich fühlte, dafür zu sorgen, dass John sich veränderte, war ich endlich fähig, dieselbe Mühe darauf zu verwenden, ihn zu lieben. Ich konnte ihn wieder genießen. Ich war so dankbar für Gottes Barmherzigkeit, dass ich schnell bereit war, alle Fehler zu vergeben, die John meiner Meinung nach hatte. Ich fing an, nach dem Guten in ihm Ausschau zu halten, nicht nach dem Schlechten. Obwohl sich die äußeren Umstände in keinster Weise geändert hatten, war der ganze Druck weg. Ich arbeitete weiterhin vollzeitlich, doch nun war es anders. Ich betrachtete nicht mehr mich selbst als die Versorgerin und John als das Problem. Ich wusste, Gott war unsere Quelle und die Antwort.

Auch John war anders geworden. Er war ruhiger und zufriedener. Er hatte nicht mehr das Gefühl, er müsse sich meinen Respekt verdienen, weil ich nun die Position anerkannte, die Gott ihm in unserer Familie zugedacht hatte. Es war nichts Ungewöhnliches mehr, dass John das Haus aufgeräumt oder ein Abendessen zubereitet hatte, wenn ich von der Arbeit nach Hause kam. Als

Überraschung kaufte er mir sogar Geschirr, eine Spülmaschine und einen Trockner.

Ein neuer Mann

Ich beobachtete, wie mein Mann sich in seinem geistlichen Wachstum von einem Jungen zu einem Mann entwickelte. Er besaß eine neue Kühnheit, mehr Entschlossenheit und größere Autorität in seinem Leben. Gott beantwortete jedes einzelne meiner Gebete und übertraf damit alle meine Erwartungen.

Ich respektiere meinen Ehepartner nicht nur deshalb als einen Mann Gottes, weil ich die Anweisung habe, ihn zu ehren und zu achten, sondern weil ich von ganzem Herzen glaube, dass er ein Mann Gottes ist. Ich selbst besitze mehr Frieden, größere Autorität, mehr Schutz und eine intensivere Salbung in meinem persönlichen Leben, seit ich die Zügel aus der Hand gegeben und mein Joch abgeworfen habe. John ist mein bester Freund. Er ist mein Partner und ein Geschenk Gottes.

Wo heilloses Durcheinander geherrscht hatte, hatten nun Glaube, Friede und Liebe die Oberhand. Wir waren endlich zufrieden. Wir konnten einander und den Sohn, den Gott uns gegeben hatte, wieder genießen. Und als wir in einer solchen Atmosphäre lebten, wurde John von Gott befördert. Dieses Mal lief alles ohne Streit und Gerangel ab. Es war klar und offensichtlich, dass Gott ihm eine Tür geöffnet hatte. Wir waren beide erstaunt, wie schnell Gott alles in Ordnung brachte. Jetzt konnte Er uns vertrauen, weil wir übereinstimmten. Die zwei waren eins geworden.

Vielleicht hast du auch schon gebetet, dass dein Ehepartner sich verändern möge. Überlasse diese Aufgabe dem, der deinen Ehemann geschaffen hat! Du überforderst dich, wenn du diese Bürde auf dich nimmst.

Gottes neue Ordnung

Es ist wichtig zu bedenken, dass wir die Familie Gottes sind. Er ist unser Vater und wir sind seine Kinder. Bevor es je die Gemeinde gab, wie wir sie kennen, gab es die Familie. Gottes Plan für unser

Familienleben ist weitaus besser als unserer; seiner beinhaltet Schutz, Versorgung, Frieden und Vergnügen. Es ist ein guter Plan, weil Er ein guter Gott ist.

Was wir erleben, ist die Wiederherstellung der männlichen Natur. Gott gewinnt die Herzen der Männer wieder für sich zurück. Weil Gott ein Vater ist, erinnert Er sie an ihre Rolle als Ehemänner und Väter. Wenn Gott vorangeht, möchte Er, dass die Männer Ihm folgen. Er möchte, dass sie stark sind.

Lange Zeit wurde den Frauen die Schuld dafür zugeschoben, dass die Männer schwach sind. Die religiöse Theorie lautete: Wenn die Frauen in den Hintergrund treten, dann werden die Männer endlich ihre Stärke entfalten können. Doch die Wahrheit ist, dass durch schwache Frauen keine starken Männer entstehen. Gott macht Männer stark! Ebenso verleiht Gott auch den Frauen Stärke. Es war niemals Gottes Absicht, dass Frauen ihre Männer wiederherstellen. Darum will Er sich selbst kümmern. Es ist sehr wichtig, dass wir uns darauf einstellen, den Segen dieser Entwicklung anzunehmen.

Gott bereitet Männer darauf vor und beauftragt sie, ihre Familien als Priester – nicht als Herrscher – zu führen. Sie werden keine vollkommenen Priester sein, denn Fehler bleiben nicht aus. Doch sind wir bereit, zu folgen? Gott bestellt eine Priesterschaft, um sein Haus in Ordnung zu bringen. Durch seinen Geist gibt Er ihnen ein Herz, das Ihm zugewandt ist. Und diese Salbung wird auch bewirken, dass sie ein Herz für ihre Familie haben.

Das ist die Antwort auf unsere Gebete, doch sind wir bereit dafür? Es ist nämlich sehr wahrscheinlich, dass Gott dies nicht genauso tun wird, wie wir es erwarten oder wie wir Ihn gebeten haben, es zu tun. Eine Zeit lang kann dies für uns unbequem und ungewohnt sein, doch letztendlich wird es zu einer Erfrischung und Erneuerung führen. Gott wird seine Souveränität unter Beweis stellen und alle Ehre bekommen. Durch seinen Plan werden die Sehnsüchte unseres Herzens gestillt werden.

Ein Königreich im Wandel

Genau denselben Wandel finden wir in der Geschichte des Volkes Israel. Gott hatte David an Sauls Stelle zum König gesalbt. Saul hatte sich vom Herrn abgewendet und hörte nicht mehr auf dessen Rat. Deshalb konnte Gott ihn nicht länger als König dulden. Gott ersetzte Saul durch David, der ein Mann nach seinem Herzen war.

David gehörte durch seine Heirat von Sauls Tochter, Michal, zum Hause Sauls. Sie war ihm zur Frau gegeben worden, nachdem er den Riesen Goliat getötet hatte. Michal war eine Verkörperung des Konflikts zwischen Sauls und Davids Königreich.

Während Sauls Herrschaft war die Bundeslade nicht in den Tempel Gottes zurückgebracht worden. Als David König wurde, brachte er die Lade zurück nach Jerusalem. Als seine Rückkehr gefeiert wurde, geriet David völlig außer sich. Von der Güte und Barmherzigkeit Gottes überwältigt, zog er sein Überkleid aus und tanzte vor dem Herrn und vor dem ganzen Hause Israel.

Doch nicht alle waren so glücklich wie David. Michal beobachtete das Schauspiel von oben aus ihrem Fenster.

> *Und es geschah, als die Lade des Herrn in die Stadt Davids kam, schaute Michal, die Tochter Sauls, aus dem Fenster. Als sie nun den König David vor dem Herrn hüpfen und tanzen sah, da verachtete sie ihn in ihrem Herzen.*
>
> 2. Samuel 6, 16

Michal war nicht bereit, diese Freiheit zu akzeptieren. Sie erkannte nicht, dass es Gott gewesen war, der ihren Vater entmachtet und ihren Ehemann auf den Thron gesetzt hatte. Sie wollte sich nicht von der alten Ordnung trennen, die im Haus ihres Vaters gegolten hatte. Schließlich war sie eine Angehörige der königlichen Familie, sie war ein Nachkomme des ersten israelischen Königs. Ihr Stolz gebot ihr, Davids Demut und die Tatsache, dass er sich öffentlich bloßgestellt hatte, zu verachten. Sie versuchte, ihn vor seinen Ältesten zu demütigen.

> *Und als David zurückkehrte, um seinem Haus den Segensgruß zu bringen, ging Michal, die Tochter Sauls,*

> *hinaus, David entgegen, und sagte: Wie ehrenwert hat sich heute der König von Israel gezeigt, als er sich heute vor den Augen der Mägde seiner Knechte entblößt hat, wie sich sonst nur einer der ehrlosen Leute entblößt!*
>
> 2. Samuel 6, 20

Obwohl er ihr Mann und der König war, erkannte sie ihn nicht an. Vielleicht beneidete sie ihn um seine Freiheit, weil sie sich selbst gebunden fühlte.

Wie es auch sonst oftmals der Fall ist, stieß David in seiner eigenen Familie auf den größten Widerstand. Michal hatte gehofft, dass ihr Davids Liebe zu ihr die Möglichkeit gab, ihn zu beherrschen. Doch Davids Liebe zu Gott überstieg jedes Verlangen nach einer ehrenvollen Position in seiner Familie oder seinem Königreich.

> *Da sagte David zu Michal: Vor dem Herrn, der mich vor deinem Vater und vor seinem ganzen Haus erwählt hat, um mich zum Fürsten über das Volk des Herrn, über Israel, zu bestellen, ja, vor dem Herrn will ich tanzen. Und ich will noch geringer werden als diesmal und will niedrig werden in meinen Augen; aber bei den Mägden, von denen du sprichst, bei ihnen werde ich in Ehren stehen. Michal aber, die Tochter Sauls, bekam kein Kind bis zum Tag ihres Todes.*
>
> 2. Samuel 6, 21–23

Michals Plan ging ins Auge. Sie hatte ihre Stellung missbraucht, als sie versucht hatte, Davids Liebe zu ihr zu manipulieren. Auf diese Weise verlor sie nicht nur die Liebe und Gunst ihres Ehemanns, sondern auch die Möglichkeit, Kinder zu bekommen. Sie war für den Rest ihres Lebens unfruchtbar. Durch den Versuch, die Kontrolle über ihren Mann zu erlangen, hatte sie sein Herz verloren.

David dagegen war es wichtiger, die Gunst Gottes zu erlangen, als von Menschen geehrt zu werden oder die Zuneigung seiner Frau zu haben.

Diese Tragödie beinhaltet eine wichtige Lektion. Wir dürfen die Leiterschaft, die Gott in unser Leben gebracht hat, nicht verachten. Wir sollten uns nicht über sie (die Leiter) lustig machen, wenn sie uns auf eine Weise segnen möchten, die wir nicht gewohnt sind. Es kann sein, dass ihr Anbetungs- oder Führungsstil anders ist, als wir es für richtig halten. Wenn Gott einen Leiter seiner Kontrolle unterstellt, dann denke daran, dass es zum Wohl und zum Schutz all derer ist, die unter der Obhut dieses Leiters stehen.

Dieses Prinzip ist nicht nur auf die Ehe beschränkt; es repräsentiert die Autorität Christi und die seiner Gemeinde. Es symbolisiert den Übergang vom Alten zum Neuen, von der Kontrolle zum Loslassen. Die Entscheidung liegt bei dir. Werden wir uns dazu entschließen, den Segen der Erneuerung zu genießen oder ihn von der Zuschauertribüne aus verächtlich ablehnen und bitter und unfruchtbar werden?

Auf dein Leben anwenden

Wir wollen dieses Prinzip nicht nur auf die Beziehung zwischen Mann und Frau begrenzen, denn es lässt sich auf jeden Bereich anwenden, in dem wir vor der Entscheidung stehen, an etwas Altem festzuhalten oder zu etwas Neuem überzugehen. Es geht darum, das Gewohnte aufzugeben und in ein unbekanntes Gebiet vorzudringen.

Denk noch einmal zurück, was sich im vergangenen Jahr in deinem Leben ereignet hat. Würdest du – wie es bei mir der Fall war – sagen, dass du sehr unter Stress gelitten hast? Hast du dich völlig aufgearbeitet, um bestimmte Bereiche unter Kontrolle zu behalten, die Gott dir gar nicht unterstellt und zugedacht hat? Hast du alles im Griff – mit Widerwillen?

Bitte Gott, dir den Unterschied zwischen einem Joch und einem Mantel zu zeigen. Bedenke, dass dich ein Joch zum Sklaven macht, weil du für etwas verantwortlich gemacht wirst, was nicht in deinen Verantwortungsbereich fällt und worüber du eigentlich gar keine Macht hast. Ein Mantel dagegen umgibt dich, während du in der Autorität und in der Kraft seines Geistes, die Er dir zur Verfügung gestellt hat, handelst.

Gott hat mir dieses Prinzip im Rahmen meiner Ehe beigebracht. Doch seine Anwendbarkeit geht weit darüber hinaus. Jede Verantwortung, die du dir aufl'ädst, obwohl Gott sie dir nicht zugedacht hat, wird dich unterjochen. Wenn Gott dir jedoch eine Aufgabe überträgt, dann wird dich sein Mantel – die Kraft des Heiligen Geistes – dazu befähigen, sie auszuführen.

Sprich folgendes Gebet mit mir:

> *Gott, ich bitte Dich, mir jedes Joch aufzuzeigen, das ich mir aufgeladen habe. Hilf mir, mich davon zu befreien. Herr, zeige mir jetzt, wozu Du mich in meinem Leben berufen hast. Ich bitte Dich um den Mantel Deiner göttlichen Kraft, der mir helfen wird, diese Berufung zu erfüllen. Herr, hilf mir, alle Bereiche wieder aufzubauen, die ich zerstört habe, weil ich Deiner Führung nicht gefolgt bin. Amen.*

Die Liebe fordert uns heraus,
das anzuzweifeln, was wir sehen,
und zu glauben,
was wir nicht sehen können.

10

Angst: Der Kampf um deine Gedanken

Warum verachtet jemand die göttliche Ordnung in seinem Leben? Warum kämpft jemand verzweifelt darum, etwas festzuhalten, wenn er es eigentlich loslassen sollte? Warum möchte jemand unbedingt die Kontrolle behalten, statt die Zügel aus der Hand zu geben? Warum? Weil ein solcher Mensch Angst hat!

Die Angst ist eine heimtückische Kraft. Sie bewirkt, dass uns vernünftiges Denken und alle Weisheit verlassen. Sie bedrängt, terrorisiert und treibt uns so weit, dass wir die Grenzen ins Land des Unglaubens überschreiten. Um die Angst überwinden zu können, müssen wir ihre Wesensart verstehen. Die Angst ist kein Zustand deines Denkens oder eine schlechte Einstellung, sie ist ein Geist.

> *Denn Gott hat uns nicht einen Geist der Furchtsamkeit gegeben, sondern der Kraft und der Liebe und der Besonnenheit.*
>
> 2. Timotheus 1, 7 (Elb. + Einh.)

Angst ist ein Geist, der nicht von Gott kommt. Er wurde vom Feind ausgesandt, um unsere Seele zu quälen und unseren menschlichen Geist zu beflecken. Das Ziel der Angst ist es, uns unsere Kraft, unsere Liebe und unseren gesunden Menschenverstand zu rauben. Da wir es mit einer geistlichen Kraft zu tun haben, müssen wir der Angst auf geistlicher Ebene entgegentreten.

Um Kraft kämpfen

Die Angst bekommt nur in dem Maße Macht über uns, in dem wir uns von ihr täuschen lassen. Sie raubt uns unsere Kraft, indem sie uns dazu bringt, ihren Lügen zu glauben. Imaginäre Ängste können Wirklichkeit werden, wenn wir ihnen Glauben schenken.

Selbst die unbegründetsten Befürchtungen können den Kurs unseres Lebens verändern und somit auch unser Schicksal bestimmen.

Es war für das Volk Israel vorgesehen gewesen, dass sie in das verheißene Land einziehen sollten, doch angesichts ihrer Ängste verloren sie das, was Gott ihnen versprochen hatte, aus den Augen. Sie schenkten ihren Befürchtungen Glauben und dadurch erhoben sie die Lügen des Teufels über die Wahrheit Gottes.
Gott sagte:

> *Darum bin ich herabgekommen, um es aus der Gewalt der Ägypter zu erretten und es aus diesem Land hinaufzuführen in ein gutes und geräumiges Land, in ein Land, das von Milch und Honig überfließt … Siehe, ich sende einen Engel vor dir her, damit er dich auf dem Weg bewahrt und dich an den Ort bringt, den ich für dich bereitet habe.*
>
> 2. Mose 3, 8; 23, 20

Die Angst sagte:

> *Wir können nicht gegen das Volk hinaufziehen, denn es ist stärker als wir. Und sie brachten unter den Söhnen Israels ein böses Gerücht über das Land auf, das sie ausgekundschaftet hatten, und sagten: Das Land, das wir durchzogen haben, um es zu erkunden, ist ein Land, das seine Bewohner frisst; und alles Volk, das wir darin gesehen haben, sind Leute von hohem Wuchs … und wir waren in unseren Augen wie Heuschrecken, und so waren wir auch in ihren Augen.*
>
> 4. Mose 13, 31–33

Sie glaubten:

> *Wozu bringt uns der Herr in dieses Land? Damit wir durchs Schwert fallen und unsere Frauen und unsere kleinen Kinder zur Beute werden? Wäre es nicht besser für uns, nach Ägypten zurückzukehren?*
>
> 4. Mose 14, 3

Indem sie den Lügen der Angst den Vorrang vor der göttlichen Wahrheit gaben, verwirkten sie die erforderliche Kraft, um das verheißene Land in Besitz zu nehmen, das Gott ihnen bereits gegeben hatte. Statt das, was Gott ihnen versprochen hatte, zu erlangen, ernteten sie die Frucht ihrer Angst.

> *Sage zu ihnen: So wahr ich lebe, spricht der Herr, wenn ich es nicht so mit euch machen werde, wie ihr vor meinen Ohren geredet habt! In dieser Wüste sollen eure Leichen fallen, ja, alle eure Gemusterten nach eurer ganzen Zahl, von zwanzig Jahren an und darüber, die ihr gegen mich gemurrt habt. Niemals sollt ihr in das Land kommen, in dem euch wohnen zu lassen ich meine Hand (zum Schwur) erhoben habe, außer Kaleb, dem Sohne des Jefunne, und Josua, dem Sohn des Nun! Und eure kleinen Kinder, von denen ihr gesagt habt, sie werden zur Beute werden, sie will ich hineinbringen, und sie sollen das Land kennenlernen, das ihr verworfen habt ... Und eure Kinder sollen vierzig Jahre lang in der Wüste Hirten sein und eure Hurereien tragen, bis eure Leiber in der Wüste umkommen.*
>
> 4. Mose 14, 28–33

Es war nie Gottes Absicht, dass eine ganze Generation Israeliten in der Wüste sterben sollte. Sein Plan war es gewesen, sie von den Ägyptern zu befreien und sie in Begleitung eines Engels in ein gutes Land zu bringen.

Die Angst hatte die Israeliten völlig in Besitz genommen und ihr geistliches Urteilsvermögen so verdreht, dass sie schließlich sogar dachten, Gott habe ihnen einen Streich gespielt. Sie glaubten, Er habe sie aus der Gefangenschaft in Ägypten befreit, um sie dann von den heidnischen Völkern in Kanaan abschlachten zu lassen.

Ihre Logik klingt lächerlich, nicht wahr? Doch wie oft erliegen wir unbewusst denselben unbegründeten Ängsten? Die Angst zwingt uns zurück in den Bereich der Zweifel und des Unglaubens.

Die Angst hat es auf unseren Glauben abgesehen. Sie möchte, dass wir ihr glauben und nicht dem, was Gott uns versprochen hat. Unser Glaube wird auf die eine oder auf die andere Weise in jedem Fall wirksam. Die Frage ist: Wird er für oder gegen uns arbeiten?

Die Bibel sagt, dass Gott jedem von uns ein Maß des Glaubens gibt (Röm. 12, 3). Wir sind die Verwalter dieses Glaubens. Gott möchte, dass wir unseren Glauben dafür einsetzen, immer mehr dem Vorbild seines Sohnes zu entsprechen. Der Feind dagegen hat es darauf abgesehen, unseren Glauben gegen uns einzusetzen und eine andere Verwandlung in uns zu vollziehen. Liefere die Kraft des Glaubens nicht an den Feind Gottes aus!

Um Liebe kämpfen

Die Angst ist auf der Jagd nach deiner Liebe, denn der Feind weiß, dass die Liebe den Gläubigen vor Angst und Furcht schützt.

> *Gott ist Liebe, und wer in der Liebe bleibt, bleibt in Gott und Gott bleibt in ihm ... Furcht ist nicht in der Liebe, sondern die vollkommene Liebe treibt die Furcht aus, denn die Furcht hat Pein.*
>
> 1. Johannes 4, 16 und 18

Es gibt keinen besseren Schutz für dich, als in der Liebe Gottes zu leben. In ihr bist du geborgen und für den Feind unantastbar.

Die Liebe Gottes verjagt die Angst oder treibt sie aus. Diese Beschreibung bestätigt wiederum, dass die Angst eine geistliche Kraft ist, die auf geistlicher Ebene konfrontiert werden muss. (Wir sind dazu berufen, Geister auszutreiben und unser Fleisch zu verleugnen. Wir können nicht einen Dämon verleugnen und unser Fleisch austreiben, obwohl das schon einige versucht haben.)

Es liegt in der Natur der Liebe, der Angst zu widerstehen. Das Wesen der Liebe wird in den folgenden Versen beschrieben:

> *Die Liebe ist langmütig, die Liebe ist gütig; sie neidet nicht; die Liebe tut nicht groß, sie bläht sich nicht auf, sie benimmt sich nicht unanständig, sie sucht nicht das Ihre, sie lässt sich nicht erbittern, sie rechnet Böses nicht zu, sie freut sich nicht über die Ungerechtigkeit, sondern sie freut sich mit der Wahrheit, sie erträgt alles, sie glaubt alles, sie hofft alles, sie erduldet alles.*
>
> 1. Kor. 13, 4–7

Wir könnten nun durch die oben angeführte Liste gehen und der Angst die gegenteiligen Attribute zuordnen. Die Angst ist ungeduldig, unbarmherzig, neidisch, großtuerisch, die Angst bläht sich auf, sie benimmt sich unanständig, ist egoistisch und leicht zu verärgern. Sie rechnet das Böse zu. Sie freut sich darüber, wenn das Schlechte, das sie vorausgesagt hat, geschieht. Sie erträgt niemals alles, glaubt oder hofft und erduldet niemals alles.

Angst ist das Gegenteil von Liebe. Liebe und Angst leben beide vom Glauben an das Unsichtbare. Die Liebe fordert uns heraus, das anzuzweifeln, was wir sehen, und an das zu glauben, was unsichtbar ist. Die Angst dagegen drängt uns, nur das zu glauben, was man sehen kann, und alles zu bezweifeln, was man nicht sehen kann. Angst ist die geistliche Macht, die der Liebe und dem Schutz Gottes in unserem Leben direkten Widerstand leistet.

Jesus hat die größte Angst, der jeder von uns begegnen wird – die Furcht vor dem Tod – bereits besiegt. Als unser Hohepriester hatte Er Erbarmen mit unseren Schwächen und konnte nicht nur unsere Furcht vor dem Tod, sondern auch alle unsere anderen Ängste verstehen. Indem Er unserer größten Angst (Furcht vor dem Tod) erfolgreich entgegengetreten ist, hat Er gleichzeitig auch alle geringeren Ängste und die daraus resultierenden Gebundenheiten besiegt.

> *Weil nun die Kinder Blutes und Fleisches teilhaftig sind, hat auch er in gleicher Weise daran Anteil gehabt, um durch den Tod den zunichte zu machen, der die Macht des Todes hat, das ist den Teufel, und um alle die zu befreien, die durch Todesfurcht das ganze Leben hindurch der Knechtschaft unterworfen waren.*
>
> Hebräer 2, 14–15

Die Angst wird dich gefangen halten, wenn du es erlaubst. Jesus hat jede Form der Angst zunichte gemacht, als Er am Kreuz sein Leben ließ.

> *Größere Liebe hat niemand als die, dass er sein Leben hingibt für seine Freunde.*
>
> Johannes 15, 13

Jesus opferte sein Leben für uns, weil Er uns liebt. Er besiegte die Angst, die Adam beherrscht hatte. Seit Adams Fehltritt im Garten hatte die Todesfurcht die Macht. Weil Adam sich danach gesehnt hatte, wie Gott zu sein, hatte er einen entscheidenden Fehler begangen.

Angst im Garten

Gott hatte Adam eindringlich gewarnt, als Er ihm die Anweisung gab:

> *... aber vom Baum der Erkenntnis des Guten und Bösen, davon darfst du nicht essen; denn an dem Tag, da du davon isst, musst du sterben!*
>
> 1. Mose 2, 17

Die Erkenntnis des Guten und des Bösen ist das Gesetz der Sünde und des Todes. Gott wollte, dass Adam in der Freiheit der Erkenntnis blieb, die Er ihm selbst gegeben hatte. Adam hatte Gott kennen gelernt, weil er eine liebevolle Beziehung zu Ihm hatte. Um mit Gott zu leben, brauchte er nicht zu wissen, was gut und was böse ist. Adam führte sein Leben bereits mit Gott. Satan dagegen wollte nicht, dass Adam und Eva frei blieben und weiterhin unter diesem Gesetz der Freiheit lebten, deshalb verdrehte er die Warnung, die Gott zu ihrem Schutz gegeben hatte.

> *Da sagte die Schlange zur Frau: Keineswegs werdet ihr sterben! Sondern Gott weiß, dass an dem Tag, da ihr davon esst, eure Augen aufgetan werden und ihr sein werdet wie Gott, erkennend Gutes und Böses.*
>
> 1. Mose 3, 4–5

Adam wusste, dass in Gott Leben zu finden war, keine Dunkelheit und kein Tod. Satan setzte eine solche Betonung, dass es sich so anhörte, als ob Gott Adam absichtlich etwas verheimlichen wollte, damit er nicht wie Gott werden würde. Der Feind tat zwei Dinge: Er untergrub erstens Gottes Autorität, indem er dessen Treue und Beweggründe in Frage stellte. Zweitens schürte er Adams Verlangen, wie Gott zu sein, ohne sich Ihm unterordnen zu müssen. Seine unterschwellige Botschaft war: „Warum solltet ihr Gott glauben und Ihm gehorchen? Er hat nicht euer Bestes im Sinn. Seid euer eigener Herr!"

Adam und Eva fielen auf diese Irreführung herein. Sie aßen die Frucht in der Erwartung, sie würden dadurch das notwendige Wissen bekommen, um ihr eigener Herr zu sein. Je mehr sie Gott ähnlich sein würden, so dachten sie, umso unabhängiger würden sie von Ihm werden.

Doch waren sie nun Gott ähnlicher? Schauen wir uns einmal an, wie Adams erste Antwort an Gott lautete, nachdem er die Frucht gegessen hatte.

> *Da sagte er: Ich hörte deine Stimme im Garten, und ich fürchtete mich, weil ich nackt bin, und ich versteckte mich.*
>
> 1. Mose 3, 10

Wenn Adam und Eva Gott ähnlicher geworden wären, hätten sie sich dann vor Ihm fürchten oder verstecken müssen?

Die Angst ließ Adam Gott in einem völlig anderen Licht sehen. Er fürchtete sich vor dem, der ihn geschaffen und ihm den Atem des Lebens eingehaucht hatte. Adam hatte Angst vor seinem Schöpfer, weil er gegen Gottes Gebot verstoßen hatte.

Vollkommene Liebe und Angst vertragen sich nicht miteinander, deshalb musste Adam den Garten Gottes verlassen. Die Angst davor, bestraft zu werden, wird sich immer trennend zwischen dich und Gott stellen.

Adams Fehltritt brachte ihn unter das Gesetz der Sünde und des Todes. Adam zog die Erkenntnis des Guten und des Bösen (das Gesetz) der Erkenntnis Gottes (einer Liebesbeziehung durch den Heiligen Geist) vor. Adam wollte getrennt von Gott wie Gott sein. Adam war begierig darauf, Gott gleich zu sein.

Der zweite Adam, Jesus, war Gott und wurde Mensch. Er ist unser Vorbild:

> *Diese Gesinnung sei in euch, die auch in Christus Jesus war, der in Gestalt Gottes war und es nicht für einen Raub achtete, Gott gleich zu sein … erniedrigte er sich selbst und wurde gehorsam bis zum Tod, ja, zum Tod am Kreuz.*
>
> Philipper 2, 5–6, 8

Jesus führte sein Leben unter der Herrschaft und Führung Gottes, seines Vaters. Er bestimmte nicht selbst darüber. Er weigerte sich, unabhängig von Gott zu leben, und es gefiel Ihm, im Gehorsam Gott gegenüber zu leben (Joh. 4, 34). Durch seinen Gehorsam kehrte Jesus das Gesetz der Sünde und des Todes und die damit einhergehende Angst um.

> *Denn das Gesetz des Geistes des Lebens in Christus Jesus hat dich frei gemacht von dem Gesetz der Sünde und des Todes.*
>
> Römer 8, 2

Wir werden daher vom Heiligen Geist regiert und unterstehen nicht mehr dem Gesetz. Die Angst kann nicht mehr in einem Herzen wüten, dass von der Liebe Gottes erfüllt ist und von ihr gelenkt wird.

Wir werden nun weiter ergründen, warum Angst deinen gesunden Menschenverstand angreift.

Gesunder Menschenverstand

Da die Angst eine körperlose, geistliche Kraft ist, braucht sie etwas, um sich ausdrücken zu können. Deshalb versucht sie, sich in der Festung unseres Denkens einzunisten. Die Schlacht mit der Angst findet in unseren Gedanken statt.

Eine von Satans Kampfstrategien ist es, uns mit Fragen zu terrorisieren. Satan stellte Eva die Frage, ob Gott wirklich meine, was Er gesagt hatte. So versuchte er, ihr Bild von Gott ins Wanken zu bringen und Ihn wie einen Lügner erscheinen zu lassen.

Angst tut genau dasselbe. Sie stellt immer in Frage, was Gott gesagt hat; sie zweifelt an seinem Wort und untergräbt es. Woher weißt du, dass Gott tun wird, was Er gesagt hat? Vielleicht hast du Ihn missverstanden? Hat Gott es wirklich so gemeint? Dieses Versprechen gilt nicht dir.

Angst möchte dich dazu bringen, die Unfehlbarkeit von Gottes Wort anzuzweifeln. Gott hat sein Wort über seinen Namen gestellt (nach Ps. 138, 2). Wenn wir also sein Wort anzweifeln, stellen wir damit sein ganzes Wesen – alles, was Er ist – in Frage! Die Angst möchte uns dahin bringen, dass wir nicht mehr an Gottes Güte, Barmherzigkeit, Treue, Heiligkeit, Macht, Herrlichkeit und an alle anderen Eigenschaften glauben, die Ihn als Gott auszeichnen. Angst wird versuchen, das Wesen und die Motive Gottes zu verfälschen, indem sie sein Wort verdreht. Das führt dazu, dass wir an Gott zweifeln, und jemandem, den wir anzweifeln, vertrauen oder glauben wir nicht.

Die Angst will uns davon überzeugen, dass Gott nicht gemeint hat, was Er sagte, oder nicht sagte, was Er in Wirklichkeit gemeint hat. Durch das Untergraben von Gottes Charakter und das Verdrehen seines Wortes will die Angst uns verwirren, um uns zu terrorisieren. Verwirrung ist ein Angriff auf unseren gesunden Menschenverstand oder unser klares Denkvermögen.

Verwirrung zerstört unsere Loyalität Gott gegenüber. Wir werden „wankelmütig", wie dieser Zustand der Verwirrung in Jakobus 1, 6–8, so treffend beschrieben wird:

> *Er bitte aber im Glauben, ohne zu zweifeln; denn der Zweifler gleicht einer Meereswoge, die vom Wind bewegt und hin und her getrieben wird. Denn jener Mensch denke nicht, dass er etwas von dem Herrn empfangen werde, ist er doch ein wankelmütiger Mann, unbeständig in allen seinen Wegen.*
>
> Jakobus 1, 6–8

Wenn wir verwirrt sind, werden wir unsicher. Unsicherheit bringt einen Menschen ins Wanken und dazu, seinen Standpunkt ständig zu ändern – nicht nur in einem Bereich, sondern in allem, was er tut. In Jakobus heißt es, dass wir nicht erwarten können, vom Herrn etwas zu empfangen, wenn wir zweifeln. Jakobus machte diese Aussage im Hinblick darauf, dass jemand um Weisheit bittet. Wenn uns unser klares Denkvermögen und unser gesunder Menschenverstand abhanden gekommen sind, verlieren wir Gottes Führung aus den Augen. Unsicherheit macht sich breit. Wir wissen nicht, was wir von Gott erwarten können, und deshalb nehmen wir die Dinge lieber selbst in die Hand.

Die Angst stichelt: Was wird geschehen, wenn du loslässt? Wer wird sich um dich kümmern? Die Angst bereitet uns Qualen (1. Jo. 4, 18), denn sie wirft Fragen in uns auf wie: Was wird mit mir geschehen? Solche Fragen lenken deine Aufmerksamkeit von Gott weg auf dich selbst. Die Angst ermutigt uns dazu, uns selbst um unser Wohlergehen zu kümmern. Sie möchte uns dazu bringen, für uns selbst zu sorgen und Selbstschutzmaßnahmen zu ergreifen.

Selbstschutz macht uns selbstbezogen, eigennützig, selbstsüchtig, eigenwillig und selbstbestimmt. Diese Eigenschaften stehen im krassen Gegensatz zu Gottes Anweisungen für unser Leben und behindern deshalb Gottes Schutz. Der Feind möchte, dass wir dem Königreich des Egoismus dienen. In diesem Reich regiert das „Ich“ und deshalb ist das „Ich“ unser Gott.

Schlage zurück!

Nachdem wir nun gesehen haben, wie die Angst unsere Kraft, Liebe und unseren gesunden Menschenverstand angreift, werden wir uns damit befassen, wie wir die Festungen, die die Furcht errichtet hat, niederkämpfen können.

Der Autor Francis Frangipane bezeichnet eine Festung in unserem Verstand als ein „Gedankengebäude“. Das Baumaterial für solche Festungen der Angst sind meistens die Lügen des Feindes und der „Schutt“, den Verletzungen und Enttäuschungen aus der Vergangenheit liefern. Diese Materialien, die durch Kränkungen in der Vergangenheit entstanden sind, werden gesammelt und benutzt, um Mauern zu bauen, die uns vor denen schützen sollen, die uns verletzen könnten. Nicht mehr der Glaube, sondern die Angst bestimmt die Gedankenabläufe, durch die wir alle Informationen filtern. Jeder Gedanke wird von Furcht und Unglauben geprägt und umgewandelt.

Unser klares Denkvermögen ist durcheinander geraten und unser gesunder Menschenverstand funktioniert nicht mehr. Dies erklärt, warum wir etwas zu einem Menschen, der unter Angst leidet, sagen können und er etwas völlig anderes hört. Er registriert die Worte zwar akustisch, doch er erfasst nicht deren Bedeutung, weil sie verdreht worden sind. Deshalb konnte Gott sagen: „… Hörend werdet ihr hören und nicht verstehen …“ (Apg. 28, 26). Sie hatten zwar gehört, doch wegen ihres Unglaubens konnten sie die wahre Bedeutung dessen, was sie gehört hatten, nicht erkennen oder verstehen.

> *… denn die Waffen unseres Kampfes sind nicht fleischlich, sondern mächtig für Gott zur Zerstörung von Festungen; so zerstören wir Vernünfteleien und jede Höhe, die sich*

> *gegen die Erkenntnis Gottes erhebt, und nehmen jeden Gedanken gefangen unter den Gehorsam Christi.*
>
> 2. Korinther 10, 4–5

Gott möchte, dass diese Festungen zerstört werden. Ist dir aufgefallen, dass sich diese Argumente (Vernünfteleien) und Anmaßungen gegen das richten und erheben, was wir von Gott erfahren haben? Erinnere dich daran, dass der Kampf in unseren Gedanken stattfindet! Der Feind möchte, dass das „Ich" die Opposition gegen Gott ergreift. Um dem entgegenzuwirken, hat Gott für uns beabsichtigt, dass wir jeden Gedanken, mit dem wir zu kämpfen haben, gefangen nehmen unter den Gehorsam Christi (2. Kor. 10, 5). Das bedeutet, dass wir Gedanken, die uns Angst einjagen und uns zum Zweifeln bringen, abfangen und der Wahrheit aus Gottes Wort unterordnen sollen. Jesus ist das Wort, das menschliche Gestalt annahm. Wenn wir also unsere Gedanken dem Wort unterordnen, unterwerfen wir sie damit Christus (Joh. 1, 1–3; 14).

Wir werden nicht aufgefordert, unsere Gedanken dem Gesetz anzupassen; die Bibel sagt, wir sollen sie unter den Gehorsam Christi bringen. Das Gesetz hat nicht die Kraft, diese Festungen niederzureißen. Im Gegenteil, es trägt noch dazu bei, sie aufzubauen.

> *Ich aber lebte einst ohne Gesetz; als aber das Gebot kam, lebte die Sünde auf; ich aber starb. Und das Gebot, das zum Leben gegeben, gerade das erwies sich mir zum Tod. Denn die Sünde ergriff durch das Gebot die Gelegenheit, täuschte mich und tötete mich durch dasselbe.*
>
> Römer 7, 9–11

> *Denn das dem Gesetz Unmögliche, weil es durch das Fleisch kraftlos war, tat Gott, indem er seinen eigenen Sohn in Gleichgestalt des Fleisches der Sünde und für die Sünde sandte und die Sünde im Fleisch verurteilte … Denn ihr habt nicht einen Geist der Knechtschaft empfangen, wieder zur Furcht, sondern einen Geist der Sohnschaft habt ihr empfangen, in dem wir rufen: Abba, Vater!*
>
> Röm. 8, 3 und 15

Wir sind dem Gesetz der Sünde und des Todes gegenüber gestorben, als wir mit Christus gekreuzigt wurden. In diesem Augenblick haben wir den Geist der Sohnschaft bekommen. An der Stelle des „Ichs", das uns bis dahin beherrscht hatte, errichtete Jesus seine Königsherrschaft. Deshalb sind wir nun Ihm unterworfen.

Unter dem Gesetz waren wir ein Abbild unseres natürlichen Vaters Adam. Doch unter dem neuen, lebendigen Gesetz des Lebens in Christus Jesus sind wir Söhne und Töchter Gottes geworden; Er ist nun unser Vater.

Erneuere dein Denken!

Da uns der Feind hartnäckig angreift, müssen wir ebenso aggressiv in der Verteidigung unserer Gedanken sein. Wir müssen sie sorgfältig bewachen. Dies geschieht dadurch, dass wir unser Denken durch das Wort Gottes erneuern.

> *Und seid nicht gleichförmig dieser Welt, sondern werdet verwandelt durch die Erneuerung des Sinnes, dass ihr prüfen mögt, was der Wille Gottes ist: das Gute und Wohlgefällige und Vollkommene.*
>
> Römer 12, 2

Die Angst will erreichen, dass wir zweifeln, was der Wille Gottes ist, doch wir können den Willen Gottes kennen, wenn wir unsere Denkweise verändern. Wenn es möglich ist, seinen guten, wohlgefälligen und vollkommenen Willen zu kennen, dann werden wir uns auch nicht fürchten, uns ihm unterzuordnen.

> *Denn die Gesinnung des Fleisches ist Tod, die Gesinnung des Geistes aber Leben und Frieden.*
>
> Römer 8, 6

Gott möchte, dass unsere Gedanken von seinem Geist bestimmt werden, nicht von einem Geist der Angst. Angst erzeugt eine ständige Unruhe in uns und verwirrt uns. Sie möchte nicht, dass wir ausgeglichen sind und im Frieden leben. Beachte, dass eine sündige, ungläubige Einstellung den Tod bringt, während Gottes Geist uns auf den Pfad des Lebens und des Friedens führt.

Bewährten Sinn bewahrst du in Frieden, in Frieden, weil er auf dich vertraut.

Jesaja 26, 3

Gott wird das tun, weil wir Ihm vertrauen und uns entschieden haben, zu glauben, dass Er meint, was Er sagt. Frieden macht sich dann in uns breit, wenn wir uns gegen die Angst und für seine Treue entscheiden.

Die Erneuerung unseres Denkens ist weitaus mehr, als Bibelstellen zu kennen. Sie bedeutet, sich auf seine Güte und Treue zu verlassen, selbst wenn wir nicht verstehen, wie sein Wort in unserem Leben zustande kommen soll. Indem wir überzeugt sind von dem, was wir nicht sehen und nicht verstehen, vermengen wir sein Wort mit Glauben. Nur auf diese Weise wird Gottes Wort in uns lebendig.

Fürchten wir uns nun, dass nicht etwa, während die Verheißung, in seine Ruhe einzugehen, noch aussteht, jemand von euch als zurückgeblieben erscheint. Denn auch uns ist eine gute Botschaft verkündigt worden, wie auch jenen; aber das gehörte Wort nützte jenen nicht, weil es bei denen, die es hörten, sich nicht mit dem Glauben verband.

Hebräer 4, 1–2

Die erlösende Botschaft gehört zu haben und sie zu kennen, nützte den Kindern Israels nichts, die in der Wüste umherirrten, obwohl Gott sie Tag und Nacht begleitete, tagsüber in Form einer Wolke und nachts durch eine Feuersäule. Wir werden gewarnt, dass uns genau dasselbe passieren kann, wenn wir nicht aufpassen.

Um das ewige Leben, das Gott uns versprochen hat, zu erlangen, hat Jesus uns die Anweisung gegeben:

Du sollst den Herrn, deinen Gott, lieben mit deinem ganzen Herzen und mit deiner ganzen Seele und mit deinem ganzen Verstand.

Matthäus 22, 37

In den nächsten drei Kapiteln werden wir einige typische Folgeerscheinungen der Angst aufdecken – Wut, Klatsch und Selbstaufopferung. Wir werden das Wesen herausfinden und den

Beweggrund, der sich hinter jeder dieser Folgeerscheinungen verbirgt, damit wir deren Einflüsse aus unserem Leben verbannen können.

Solange wir unsere Wut rechtfertigen
oder Entschuldigungen dafür finden,
bleiben wir gefangen.

11

Dem Zorn entfliehen

„Ich kann nichts dagegen tun. So bin ich eben!“ Ich weiß nicht mehr, wie oft ich diese Ausrede benutzt habe, aber ich weiß, was mich dazu veranlasst hat. Solche Bemerkungen feuerte ich meistens dann ab, wenn ich meine Wut rechtfertigen wollte. Und meine Auswahl an Entschuldigungen war breit gefächert.

- Ich bin sizilianischer, indianischer (Apache), französischer und englischer Abstammung.
- Ich bekomme bald meine Periode.
- Ich habe meine Periode.
- Ich bin schwanger.
- Ich habe eine Nachgeburtsdepression.
- So bin ich erzogen worden.
- Ich arbeite vollzeitlich und habe ein Baby zu versorgen.
- Ich komme wegen der kleinen Kinder gar nicht mehr raus.
- Ich bin unter einer geistlichen Attacke! (Diese Ausrede war besonders gut geeignet, denn durch sie war jede Verantwortung von mir genommen.)

Und die Liste ging weiter. Doch die Wahrheit war, dass ich ein Problem mit meiner Wut hatte. Tief in meinem Innern wusste ich das, aber ich wollte die Schritte nicht unternehmen, die notwendig gewesen wären, um die Sache zu konfrontieren. Ich war mir sicher, dass ich meinen Zorn unterdrücken konnte, solange alle Umstände in Ordnung waren und alle beteiligten Personen perfekt mitspielten!

Doch meistens entsprachen die Umstände, vor allem wenn mein Mann und meine Kinder beteiligt waren, nicht meinen Vorstellungen. Niemand ist vollkommen und ihre menschlichen Schwächen brachten meine eigenen mit aller Deutlichkeit zum Vorschein und unterstrichen sie noch.

Wenn es heiß herging und ich unter Druck war, kam mit aller Deutlichkeit ans Licht, was sich hinter meiner Fassade verbarg. Ich schäumte über vor Wut und ließ sie an denen aus, die ich am meisten liebte.

Zunächst handelte es sich nur um gelegentliche Wutausbrüche, etwa einmal alle drei Monate. Doch dann wurde es sehr rasch zu einer Gewohnheit. Seltsamerweise schien diese Häufung meiner Wutanfälle das Ergebnis meiner eigenen Gebete zu sein.

Eine überraschende Antwort auf ein Gebet

An Silvester 1987 schüttete ich dem Herrn unter Tränen mein Herz aus. Ich bat ihn, meine Lippen mit seinen glühenden Kohlen zu reinigen. Ich erklärte, was ich mir am sehnlichsten wünschte, sei sein alles verzehrendes Feuer. Dabei hoffte ich, dass ich eine Vision oder dergleichen haben würde, in der mir ein Engel mit Kohlen vom Thron des Himmels erscheinen würde. Doch Gott hatte geplant, mein Gebet anders zu beantworten.

Ehrlich gesagt triefte mein Gebet nur so vor religiösem Stolz und Selbstgerechtigkeit. Ich beurteilte mich selbst nach meinen Absichten und für mein Handeln fand ich immer eine Entschuldigung. Alle anderen richtete ich dagegen anhand ihrer Taten und ich wagte sogar zu glauben, ich kenne ihre Motive. Ich lag in meinen Augen richtig, doch meine Mitmenschen beäugte ich sehr kritisch.

Ich war erst kurze Zeit zuvor von Dallas weggezogen und hatte allen Komfort und alles, was mir vertraut gewesen war, aufgegeben, damit mein Mann Pastor werden konnte. Selbstgefällig saß ich kopfnickend in der ersten Reihe in der Gemeinde. Meiner Meinung nach hatte ich es geschafft.

Ich war zu dem Schluss gekommen, dass Gott mir die Position einer Pastorenfrau anvertraut hatte, weil mein Leben seine Zustimmung gefunden hatte. Er mochte mich, so wie ich war. Dass es an mir noch sehr viel zu verändern gab, bezweifelte ich. Meine Gebete kamen nicht aus einem demütigen, sondern aus einem stolzen Herzen.

Doch ich hatte mich gründlich geirrt. Es war falsch von mir, zu glauben, Beförderung sei ein Zeichen dafür, dass Gott mit meinem Leben einverstanden war. Auch die Annahme, bei mir gäbe es kaum noch etwas zu ändern, war verkehrt. Und es war auch nicht so, dass ich mir durch meine kleinen Opfer Gunst und Gerechtigkeit verdient hätte.

Nachdem ich einen Monat lang gebetet hatte, war ich reizbarer denn je. Ohne ersichtlichen Grund konnte es vorkommen, dass ich mich schon morgens beim Aufwachen fühlte wie ein Vulkan kurz vor dem Ausbrechen. Ich bebte bereits. In solchen Fällen warnte ich meinen Mann: „Wenn du klug bist, dann machst du heute einen großen Bogen um mich!" John verdrehte daraufhin die Augen und wagte es sogar, mich zu fragen, über was ich mich aufrege. Diese Frage frustrierte mich immer wieder aufs Neue, denn ich wusste es selbst nicht. Also schob ich die Schuld auf irgendeine fadenscheinige oder zweideutige Sache, sodass man nicht konkret darüber reden konnte. John, der bemerkte, dass es reine Zeitverschwendung war, mit mir zu sprechen, ging mir an solchen Tagen aus dem Weg.

Der Tag nahm seinen Lauf und brachte die üblichen Störungen und Frustrationen mit sich. An den besagten Tagen wurde jedoch aus einer Mücke ein Elefant. Ich schlug Schrank- und Zimmertüren zu und rannte keuchend und schnaubend wie eine Dampflokomotive in unserem Haus hin und her. Und jedem, der mir über den Weg lief, warf ich drohende Blicke zu.

Und irgendetwas, das John tat oder sagte, konnte mich so auf die Palme bringen, dass ich einen handfesten Streit vom Zaun brach. Ich warf meinem Mann alle möglichen hässlichen Dinge an den Kopf, die ich später bereute. Aber damals dachte ich, ich sei im Recht, da ich ihn ja gebeten hatte, mich in Ruhe zu lassen. Es war nicht meine Schuld; ich hatte ihn gewarnt. Ich war davon überzeugt, dass ich von einem Zorngeist angegriffen wurde, und deshalb konnte man mich nicht für mein Verhalten verantwortlich machen.

An einem gewissen Samstagmorgen wachte ich wieder einmal mit einer Wut im Bauch auf, die im Verlauf des Vormittags immer schlimmer wurde. Ich stampfte und polterte im Haus herum und ließ den größten Teil meiner schlechten Laune an John aus. Schließlich reagierte ich mich im Waschraum ab, während ich den Trockner leerte. John, der hörte, wie ich die Tür des Trockners zuknallte, kam herbeigerannt, als ich gerade über den Wäschekorb gebeugt war. Zu meinem Entsetzen zog er mich sanft hoch, trug mich in die Garage und schloss dann die Haustür von innen ab, sodass ich ausgesperrt war.

Er rief mir von drinnen zu: „Ich lasse es nicht zu, dass du vor lauter Wut hier im Haus irgendetwas kaputt machst!"

Das Garagentor war offen und es bestand keine Gefahr für mich, doch ich war erbost darüber, dass er mich wie einen Hund oder eine Katze in die Garage hinausbefördert hatte. Und ich forderte ihn auf, die Haustür zu öffnen.

Doch John sagte: „Nein!"

„Ich gehe zu den Nachbarn!", bluffte ich.

„Lass dich nicht aufhalten", erwiderte John.

Ich wurde zusehends frustrierter und ich kam zu dem Schluss, dass ich irgendetwas kaputt machen müsse, damit ich mich besser fühlte. Also nahm ich einen Hammer und machte mich auf die Suche. Ich wollte nichts zertrümmern, um das es mir später, wenn mein Zorn wieder verraucht war, Leid tun würde.

Wir waren erst vor Kurzem umgezogen und in der Garage standen noch etliche Kisten herum. Nachdem etwa fünfzehn Minuten vergangen waren, hatte ich in einer Ecke das passende „Opfer" entdeckt – den Weber-Grill. Ich holte mit dem Hammer aus und schlug mit aller Wucht auf den Deckel.

Ich war kaum einen Schritt zurückgetreten, um mir den Schaden, den ich angerichtet hatte, anzusehen, da hörte ich in meinem Innern diese Worte: „Das ist kein Geist des Zorns. Du hast die völlige Kontrolle über dich."

Ich schüttelte diese Bemerkung von mir ab, klopfte an die Tür und teilte John mit: „Meine Wut ist verraucht. Würdest du mich jetzt bitte hereinlassen?"

Er öffnete und ich zeigte ihm stolz, was für eine große Delle ich in seinen Weber-Grill geschlagen hatte. Natürlich war er nicht im Geringsten von meiner Stärke und meinem Temperament beeindruckt.

Niemand übrig, dem ich die Schuld geben kann

Ich achtete auch weiterhin darauf, dass ich meinen Zorn so weit im Griff hatte, dass ich mich nicht in aller Öffentlichkeit blamierte. Deshalb hob ich mir meine Wutausbrüche für zuhause auf.

Ich war in einer Familie aufgewachsen, in der die Probleme nicht in Angriff genommen wurden, sondern in der es üblich war, auf Menschen loszugehen. Wir suchten immer jemanden, auf den wir die Schuld schieben konnten, um selbst keine Verantwortung übernehmen zu müssen. Als Kind war meistens ich diejenige, die den Hauptteil der körperlichen und emotionellen Auswirkungen zu spüren bekam und der die Schuld gegeben wurde. Und nun griff ich immer dann John verbal an, wenn ich mich hilflos fühlte oder wütend war.

Dabei hatte ich mir geschworen, ich würde meine Wut niemals an meinen eigenen Kindern auslassen oder sie so behandeln, wie man es mit mir gemacht hatte. Meine Eltern waren noch keine Christen, als ich klein war. Und deshalb war ich der Meinung gewesen, dass meine Bekehrung automatisch verhindern würde, dass in meiner Familie ein solches Verhalten auftrat.

Ich hatte bei meinen Überlegungen nur einen Gesichtspunkt nicht in Betracht gezogen: Ich hatte meiner Mutter noch nicht vergeben. Und der Grund war nicht etwa, weil ich es vergessen hätte; ich hatte Angst, ihr zu verzeihen. Ich dachte, wenn ich ihr vergeben würde, könnte sie mich erneut verletzen.

Der Druck, den ich auf mir spürte, war so stark wie nie zuvor in meinem Leben. Mein zweiter Sohn war gerade zur Welt gekommen. Mein ältester Sohn war inzwischen zwei Jahre alt und wollte plötzlich kein Mittagsschläfchen mehr machen. Der Kampf, den ich deswegen mit ihm ausfocht, dauerte mittlerweile schon einige

Wochen an. Wenn mein Baby schlief, versuchte ich verzweifelt, meinen Zweijährigen zum Einschlafen zu bewegen, damit ich mich endlich der Hausarbeit widmen konnte. Jedes Mal, wenn ich sein Zimmer verließ und die Treppe hinunter ging, sprang er aus seinem Bett und lief mir mit lauten Unmutsbekundungen nach und sagte, dass er nicht schlafen wolle. So ging es unter eifrigen Diskussionen treppauf treppab. Irgendwann blieb er dann liegen und schlief zwei Stunden lang. Doch kaum war er eingeschlafen, meldete sich mein Baby schon wieder.

Eines Tages, während eines solchen Kampfes, riss mir der Geduldsfaden. Ich schnappte meinen Zweijährigen und stürmte mit ihm die Treppe hinauf. Ich dachte: „Ich muss ihm begreiflich machen, dass er sein Bett nicht mehr verlassen darf!" Er schlug um sich, drehte und wand sich. Mir kam der Gedanke: „Ich sollte dieses Kind gegen die Wand schmettern. Vielleicht wird er dann kapieren, dass er im Bett bleiben soll!" Ich hob ihn bis in Augenhöhe hoch und war kurz davor, ihn wegzustoßen, als ich die Angst in seinen Augen sah.

An einem bestimmten Punkt musste er erkannt haben, dass ich eine Schwelle des Zorns überschritten hatte und so wütend war, wie er mich zuvor noch nie gesehen hatte. Die Panik, die in seinem Gesicht geschrieben stand, erinnerte mich an meine eigene Furcht als Kind. Es schien mir, als ob sich in diesem Augenblick alle Ängste meiner Kindheit in diesem süßen Gesicht widerspiegelten. Das brachte mich zur Vernunft. Ich setzte ihn sanft aufs Bett und verließ leise sein Zimmer. Dabei sagte ich immer wieder: „Es tut Mami so Leid, dass sie dir Angst gemacht hat." Ich machte seine Tür zu und rannte nach unten.

Ich warf mich im Wohnzimmer auf den Fußboden und weinte, bis ich keine Kraft mehr hatte. In diesem Moment erkannte ich, dass das Problem nicht meine Eltern waren, auch nicht mein Ehemann, meine Kinder, der Stress, meine Erziehung, mein ethnischer Hintergrund oder meine Hormone – das Problem lag bei mir. All diese Dinge waren Reibungspunkte, doch ich war für meine Reaktion verantwortlich.

Ich weinte, weil ich mir nicht vorstellen konnte, jemals von diesem Zorn frei zu sein. Er war schon so lange ein Teil von mir, dass ich ihn mit der Ausrede abgetan hatte, er sei eine Charakterschwäche oder ein Makel in meiner Persönlichkeit. Nun stand ich ihm von Angesicht zu Angesicht gegenüber. Er konnte nicht länger hinter Entschuldigungen versteckt werden. Ich sah ihn endlich so, wie er wirklich war – eine zerstörerische, eigensinnige Kraft, der ich erlaubt hatte, mich zu beherrschen.

In diesem Augenblick war ich ganz allein; es war niemand da, dem ich die Schuld geben konnte. Zum ersten Mal fühlte ich die ganze hässliche Last auf meinen Schultern. Es war gerade so, als ob jede Szene, in der hasserfüllte Worte gefallen und es zu entsprechenden Taten gekommen war, noch einmal vor meinem geistigen Auge abgespielt wurde – Szenen, in denen ich gedacht hatte, im Recht zu sein. Während sie nun in meiner Erinnerung noch einmal an mir vorüberzogen, war ich entsetzt über meine Reaktionen.

Ich dachte an den Vorfall mit dem Weber-Grill und mir war klar: Ich kann nicht nach vorne zum Gebet gehen, um das austreiben zu lassen. Es ist kein Geist.

Verzweifelt flehte ich um Hilfe: „Gott, ich möchte das nicht mehr. Ich werde diese Sache nicht länger beschönigen oder die Schuld auf jemand anders schieben. Vergib mir, Herr.“ In diesem Augenblick spürte ich, wie Er die Last der Sünde und der Schuld von meinen Schultern hob. Ich weinte wieder, doch dieses Mal vor Erleichterung.

Nachdem ich mich gedemütigt hatte, meinen Zorn abgelegt und ihn als das erkannt hatte, was er war, vergab mir Gott und gab mir seine Stärke, ihn zu überwinden.

Du holst dir, was du rechtfertigst

Offenbar aber sind die Werke des Fleisches; es sind: Unzucht, Unreinheit, Ausschweifung, Götzendienst, Zauberei, Feindschaften, Hader, Eifersucht, Zornausbrüche, Selbstsüchteleien, Zwistigkeiten, Parteiungen, Neidereien, Trinkgelage, Völlereien und dergleichen.

Galater 5, 19–20

Ich war einer Lüge aufgesessen. Diese Schriftstelle erklärt eindeutig, dass Zornausbrüche ein Werk des Fleisches und somit ein Produkt unserer irdischen, fleischlichen Natur sind. Hier ist weder die Rede von einem Geist, noch von Vererbung oder einer Schwäche. Paulus entschuldigt diese Dinge im Galaterbrief nicht. Im Gegenteil, er fährt sogar folgendermaßen fort:

> *Von diesen sage ich euch im voraus, so wie ich vorhersagte, dass die, die so etwas tun, das Reich Gottes nicht erben werden.*
>
> Vers 21

Das Wort „tun" in diesem Vers könnte auch mit „praktizieren" übersetzt werden. Paulus gibt also zu verstehen, dass unser Handeln bereits zur Gewohnheit geworden ist. Wir haben so oft auf dieselbe Weise gesündigt, dass es jetzt etwas Normales für uns ist. Finde nicht schnell eine Ausrede für dein fleischliches Handeln! Gott hat uns nicht aufgefordert, Ausreden für unser Fleisch zu finden, sondern es zu kreuzigen.

> *Die aber dem Christus Jesus angehören, haben das Fleisch samt den Leidenschaften und Begierden gekreuzigt.*
>
> Gal. 5, 24

Du behältst das, was du rechtfertigst. Solange wir uns rechtfertigen oder herausreden, bleiben wir gefangen. Indem ich die Schuld auf meine Vergangenheit schob, hatte ich eine Ausrede für die Gegenwart. Ich war der Meinung, dass die Schmerzen, die ich in der Vergangenheit erlitten hatte, mir das Recht gaben, mich heute so zu benehmen. Ich schob anderen den schwarzen Peter zu und war frei von jeder Verantwortung. Aber wie verhielt es sich mit den Schmerzen, die man Jesus zugefügt hat? Hatte Er durch sie nicht ausreichend für meine Freiheit bezahlt?

Wenn wir uns weigern, Verantwortung zu übernehmen, verlieren wir unsere Fähigkeit, uns zu verändern. Verantwortung zu übernehmen, bedeutet, dass wir fähig sind, zu agieren. Wie wir auf Situationen reagieren, bestimmt also, ob wir in der Zukunft in Freiheit leben oder nicht. Wenn wir uns demütigen, unsere Sünde eingestehen und sie ablegen, entgehen wir der Falle!

Vergib und vergiss!

Nachdem ich aufgehört hatte zu weinen, forderte Gott mich auf, meine Mutter anzurufen und sie um Vergebung zu bitten, dass ich mich jahrelang nicht mit ihr versöhnt hatte. Ein Vorfall war besonders schmerzhaft und ich hatte ihn tief in meinem Herzen vergraben. Er war zum Nährboden für meine Unversöhnlichkeit geworden. Nun fühlte ich, wie der Heilige Geist mich drängte, mit meiner Mutter über dieses Ereignis zu sprechen, das nur eines von vielen war, die ich noch zu vergeben hatte.

Ich war folgsam und rief sie an. Unter Tränen gestand ich ihr meine Unversöhnlichkeit, die eine Sünde war, und ich brachte den Vorfall, an den Gott mich erinnert hatte, zur Sprache. Dann beteuerte ich ihr, dass ich sie liebe.

Sie fing an zu weinen. „Lisa, bitte vergib mir diese Sache", sagte sie. „Du weißt ja gar nicht, wie sehr mich das belastet hat." Mein Schuldeingeständnis setzte uns beide frei. Meine Mutter ist eine wunderbare Frau, doch trotzdem hatte ich es zugelassen, dass unsere Beziehung über so viele Jahre hinweg unterbrochen war. Dann sprach sie ein bedeutungsvolles Gebet für mich und meine Kinder. Als wir miteinander beteten, wurde durch die Macht der Vergebung der Fluch über einer neuen Generation gebrochen.

Wenn du frei bist, dann verheimliche es nicht!

Wenn du von etwas frei geworden bist, gibt es keinen Grund, das zu verheimlichen oder zu verbergen. Ich war froh, dass ich von meinen Zornausbrüchen frei geworden war. Es war ein herrliches Gefühl, nichts mehr vormachen oder verstecken zu müssen. Ich war glücklich darüber, dass alles vorbei war. Zum damaligen Zeitpunkt ahnte ich noch nicht, dass meine persönlichen Kämpfe im privaten Bereich, die ich verborgen gehalten hatte, einmal ein wesentlicher Bestandteil meines Zeugnisberichtes in der Öffentlichkeit sein würden.

Als ich mich eines Tages auf ein Frauenfrühstück in Pennsylvanien vorbereitete, fragte ich den Herrn: „Was soll ich denn heute sagen?" Ich machte einige Vorschläge, die mir gefielen und wartete auf seine weiteren Anweisungen.

Er überraschte mich. „Ich möchte, dass du dich vor diese Frauen stellst und ihnen sagst, dass dein Leben ein einziges Durcheinander ist."

Ich war schockiert. „Gott, wenn ich das sage, werden sie mir gar nicht zuhören. Sie werden sich von jemandem, der nichts auf die Reihe bekommt, nichts sagen lassen!"

„So viele von ihnen sind gebunden", erwiderte Er. „Ich möchte, dass du offen zu ihnen bist und deine Verletzbarkeit zeigst. Dann werden sie hinter ihren Schutzmauern hervorkommen, sodass Ich ihnen helfen kann."

„Bestimmt habe ich nicht richtig gehört", dachte ich, und ich fragte Gott noch einmal: „Über was soll ich heute sprechen?"

Keine Antwort.

Als ich beim Frühstückstreffen ankam, betrachteten mich die Frauen und schätzten ab, was sie von mir als Sprecherin zu erwarten hatten. Ich sah ihnen an, dass sie versuchten, mein Alter zu erraten, und dass sie mein Aussehen unter die Lupe nahmen. Während des Frühstücks war ich sehr still. Ich hoffte, Gott würde mir eine neue Richtung zeigen, doch Er schwieg.

Als ich vorgestellt wurde, beschrieb mich die Frau des Pastors mit derart großartigen Formulierungen, dass ich dachte, sie müsse wohl eine andere Person meinen. „Wenn ich jetzt sage, was Gott mir aufgetragen hat, wird sie mich für sarkastisch halten", schoss es mir durch den Kopf. Also beschloss ich, die Schuld auf Gott zu schieben.

Ich nahm das Mikrofon und sagte zu den Frauen: „Gott hat mich aufgefordert, euch zu sagen, dass mein Leben ein einziges Durcheinander ist!" Sie wussten nicht, wie sie reagieren sollten. Sie hatten damit gerechnet, dass sie von mir beeindruckt sein würden, und nun waren sie völlig platt. Einige lachten; andere starrten mich nur mit offenem Mund an.

Ich erzählte, wie Gott mich von meinen Zornausbrüchen frei gemacht hatte, und deckte meinen Stolz auf. Langsam entspannten sie sich. Als sie erkannten, dass ich sie nicht verletzen oder in

Verlegenheit bringen wollte, öffneten sie ihre Herzen. Als ich den Frauen nach meiner Botschaft diente, konnten die Kraft Gottes und das Wort der Erkenntnis ungehindert und durchschlagend wirksam werden. Nachdem die Veranstaltung zu Ende war, war ich von Frauen umringt, die weinten und mir ihre eigenen Schwächen eingestanden. Sie hatten das Vertrauen und die Freiheit, das zu tun, weil ich offen zu ihnen gewesen war.

Bekennt nun einander die Vergehungen und betet füreinander, damit ihr geheilt werdet; viel vermag eines Gerechten Gebet in seiner Wirkung.

Jakobus 5, 16

Das war vor über sechs Jahren und ich bin immer noch überrascht, wie viele Frauen reagieren, wenn ich offen und ehrlich mit ihnen rede und mich verletzbar zeige. Jesus machte den Menschen, denen Er diente, nie etwas vor.

In der Wahrheit und im Bekennen der Verfehlungen liegt Kraft. Es ist wichtig, dass wir offen über die Kraft Gottes berichten, die unser Leben verändert hat. Dadurch ermutigen wir andere und geben ihnen eine Hoffnung, in die sie ihren Glauben verankern können. So bekommen sie die Gelegenheit und den Mut, zu glauben, dass Gott dasselbe auch für sie tun wird.

Wer seine Verbrechen zudeckt, wird keinen Erfolg haben; wer sie aber bekennt und lässt, wird Erbarmen finden.

Sprüche 28, 13

Wenn wir ehrlich sind, erkennen wir seine Barmherzigkeit und Gnade an. Offenheit zerreißt die Fesseln der Scham in unserem Leben.

Ich fordere dich heraus, deinem Zorn furchtlos die Stirn zu bieten. Vielleicht stöberst du ihn unter einer Menge Ausreden auf, in deren Schatten er sich verbergen wollte, oder du hast deine Vergangenheit, deine Eltern, deine Nationalität oder dein Umfeld als Entschuldigung für ihn gebraucht. Doch solange du nicht die Verantwortung für dein Handeln übernimmst, wirst du immer sein Opfer bleiben. Du wirst dem verheerenden Schaden zum Opfer fallen, den dein Zorn in deinem und im Leben deiner Familie anrichtet.

Gott möchte dich aus dem Dunkel in seine strahlend helle Freiheit führen. Befasse dich eingehend mit folgenden Fragen und lass sie tief auf dich einwirken:

- Würdest du sagen, dass andere dich zornig machen?
- Rechtfertigst du deine Zornausbrüche, indem du die Schuld auf die gegebenen Umstände oder den Druck, unter dem du stehst, schiebst?
- Gehst du auf die los, die dir am nächsten stehen?
- Hast du Angst, die Verantwortung für dein Handeln zu übernehmen?
- Hast du deine Zornausbrüche als Teil deines Lebens akzeptiert?

Wenn du diese Fragen ehrlich beantwortest, kannst du ein realistisches Urteil darüber fällen, welche Haltung du Zorn gegenüber einnimmst und ob du mit ihm „liebäugelst“. Wenn du eine dieser Fragen mit „ja“ beantwortet hast, wirst du dich in diesem Kapitel wiederentdeckt haben. Wenn du bereit bist, um Vergebung zu bitten und von deinem Zorn abzulassen, steht Gottes Gnade dir jetzt in diesem Augenblick zur Verfügung. Sprich folgendes Gebet von ganzem Herzen:

> *Gott, mein Vater,*
> *ich komme verzweifelt und demütig zu Dir. Es gibt niemanden, dem ich die Schuld geben könnte. Ich will nicht nach einer Ausrede suchen. Ich übernehme die volle Verantwortung für die Zornausbrüche in meinem Leben. Ich lege Dir meinen Zorn zu Füßen und unterwerfe mich Deiner mächtigen Barmherzigkeit und Gnade. Ich empfange die Kraft Gottes in meinem Leben. Ich entscheide mich, ein Leben ohne Zorn zu führen. Im Namen Jesu, Amen.*

Wer mit dir schwatzt,
schwatzt auch über dich!

12

Klatsch: Mehr als nur Worte

Als Mitglied der Studentinnenverbindung am College musste ich feststellen, wie gefährlich es war, wieder in einen Raum zurückzugehen, den man gerade verlassen hatte. In neun von zehn Fällen ertapptest du nämlich deine Mitstudentinnen dabei, wie sie gerade eifrig über deine Fehler und Tugenden diskutierten. Ich achtete deshalb immer sehr sorgfältig darauf, dass ich alles mitnahm, was ich brauchte, bevor ich den Raum verließ. Falls ich doch noch einmal zurückkehren musste, kündigte ich mein Kommen durch laute Geräusche im Flur deutlich an, bevor ich die Tür öffnete.

Es war mir immer sehr unangenehm und peinlich, dass es plötzlich ganz still wurde, obwohl kurz zuvor noch angeregt getuschelt und gelacht wurde, wenn ich zurückkam, um meine Zahnbürste oder mein Handtuch zu holen. Ein kurzer Blick auf ihre Gesichter genügte und ich wusste – zum Teil auch wegen des unangenehmen Gefühls in meiner Magengegend –, dass sie sich gerade den Mund über mich zerrissen hatten.

Es war nicht anders zu erwarten. Von meinen Mitstudentinnen gaben nur wenige Mädchen vor, Christen zu sein. Ich erklärte mutig, ich sei eine Heidin, die nur an Vergnügen und Selbstschutz interessiert sei! Ich lebte für den Augenblick, wollte meinen Spaß haben und jeder möglichen Verletzung aus dem Weg gehen. Auch ich war nicht über das Schwatzen erhaben. Doch ich betrachtete es als Selbstschutzmaßnahme. Frauen klatschen eben, oder nicht?

Doch in den Sommerferien zwischen meinen ersten beiden Unijahren wurde aus dieser Heidin eine Christin – zum Entsetzen all meiner Mitstudenten. Ein Student auf dem Campus hatte das Lebensübergabegebet mit mir gesprochen und ich hatte Jesus als meinen Herrn und Erlöser angenommen. (Dieser junge Mann wurde später mein Ehemann.) Ich wurde auf wunderbare Weise errettet, brauchte mich nicht mehr zu betrinken und wurde augenblicklich von einer schweren Laktose-Allergie geheilt.[1] Endlich begriff ich, warum mein lauer, egoistischer Lebensstil eine solche Leere in mir erzeugt hatte.

Als ich zur Schule zurückkehrte, musste ich feststellen, dass sich meine alte Umgebung nicht mit meinem neugefundenen Glauben vereinbaren ließ. Ich hatte den Eindruck, dass es Gottes Wille für mich war, nach Dallas umzuziehen. John, der junge Mann, der mich zu Christus geführt hatte, lebte dort und ich freute mich unsäglich darauf, einer Gemeinde anzugehören und von meinen neuen Schwestern willkommen geheißen zu werden.

Schwesterngerede

„Jetzt wird alles anders!", dachte ich. Die Frauen in der Gemeinde sind Christen. Ich stellte mir lächelnde christliche Freunde vor, die mich mit offenen Armen aufnahmen und reifere Frauen, von denen ich etwas lernen konnte.

Junge, was für ein Schock stand mir bevor! Man war nicht im Geringsten begeistert, mich zu sehen. Ich war nicht willkommen; stattdessen betrachtete man mich als potentielle Rivalin im Ringen um die begehrten christlichen Junggesellen, die sowieso schon Mangelware waren.

Gleich am ersten Sonntag bekam ich ihr Missfallen zu spüren, als sie mich aus der Ferne unter die Lupe nahmen und mein Aussehen und mein Verhalten genau inspizierten. Sie waren höflich, aber distanziert, als ich ihnen vorgestellt wurde, und lenkten die Unterhaltung rasch auf Themen oder Personen, die mir unbekannt waren. Zum ersten Mal, seitdem ich Christin geworden war, fühlte ich mich sehr unwohl.

---

1. Wegen dieser vererbten Krankheit war ich zwei Monate zuvor ins Krankenhaus eingewiesen worden, da mein Körper auf bedenkliche Weise auf ein Milchprodukt reagiert hatte. Nachdem wir ein einfaches Gebet gesprochen hatten, konnte ich ohne Probleme Pizza, Milchmixgetränke und all die anderen Nahrungsmittel essen, die ich zuvor seit meinem Teenager-Alter nicht vertragen hatte.

Nach den Blicken zu urteilen, die man mir zuwarf, bekam ich den Eindruck, dass sie möglicherweise anzweifelten, dass meine Bekehrung echt war. Ich war erst vor ein paar Monaten errettet worden und hatte es noch nicht geschafft, mir eine „heilige" Garderobe zuzulegen. In meinem Schrank hingen die Sachen einer Studentin, die gerne auf Partys gegangen war. Ich hatte kein Geld, um mir neue Kleidung zu kaufen, deshalb versuchte ich, sie davon zu überzeugen, dass ich es trotz meines Aussehens ernst meinte und ehrbare Absichten hatte. Die jungen Männer waren freundlich, doch die Mädchen verhielten sich weiterhin distanziert und misstrauisch.

Na gut, dachte ich. Vielleicht möchte Gott ja nicht, dass ich irgendwelche Mädchen in meinem Freundeskreis habe.

John hatte mir schon vor einigen Monaten, bevor ich nach Dallas umgezogen war, einen Heiratsantrag gemacht, doch ich war noch nicht bereit für eine Verlobung. Mein ganzes Leben lang hatte ich meinen Wert daran gemessen, mit wem ich ausging oder welchen sozialen Status meine Familie hatte. Nun wollte ich meinen himmlischen Vater kennen lernen. Ich wusste, dass es Gottes Wille für mich war, John zu heiraten, doch ich entschied mich, nicht mit ihm auszugehen. Ich ging weiterhin in die Schule, arbeitete und besuchte die Gemeinde. Dabei achtete ich sorgfältig darauf, zu spät zum Gottesdienst zu kommen, alleine zu sitzen und früher zu gehen. Damit wollte ich den Anschein erwecken, mein Leben sei ausgefüllt und ich sei sehr beschäftigt. So baute ich eine Fassade auf, um zu verbergen, wie ich wirklich lebte.

In Wirklichkeit war ich nämlich extrem einsam. Ich war bis dahin noch nie allein gewesen und angesichts meiner derzeitigen Einsamkeit zweifelte ich mittlerweile daran, ob es richtig gewesen war, die Schule zu wechseln. Ich war blauäugig und idealistisch gewesen. Es schien mir, als ob mir meine Mitstudentinnen mehr Wärme, Annahme und Mitgefühl gegeben hätten, als mir in dieser Gemeinde entgegengebracht wurde. Wenigstens hatte ich dort gewusst, was ich von den anderen zu erwarten hatte. Doch diese Leute verwirrten mich. Ich war völlig verblüfft, wie mich meine wahren Schwestern aufgenommen hatten.

Stundenlang weinte ich mich bei meiner Mutter aus, die inzwischen Christin geworden war. Nachdem ich mich entschlossen hatte, die Universität zu verlassen und ein christliches College zu besuchen, kam mein Vater nicht mehr für meinen Unterhalt auf. Ich lebte allein in einem 1-Zimmer-Appartment und hatte weder Freunde noch Möbel noch Geld. Aus einem reichen Party-Girl mit einem großen Freundeskreis und einem vollgepackten Terminkalender war eine arme, einsame Person geworden, die vom Trinkgeld lebte, das sie sich nebenberuflich als Kellnerin verdiente.

Als ich eines Sonntags unbemerkt aus der Gemeinde hinaushuschen wollte, stieß ich auf einen jungen Mann in meinem Alter. Wir lachten und unterhielten uns einige Zeit und einige Wochen später gingen wir abends miteinander essen. Nachdem etwa eine Stunde vergangen war, platzte er plötzlich heraus: „Du bist gar nicht so schlimm, wie sie sagen!“

Ich war überrascht, denn ich war davon überzeugt gewesen, dass ich ignoriert wurde, weil man meine Anwesenheit gar nicht bemerkt hatte. „So schlimm … – wie wer sagt?“, fragte ich.

„Na ja, weißt du …“, stammelte er, „All die anderen Mädchen und meine Tante.“

Mein Erstaunen verwandelte sich in Entsetzen! All die anderen Mädchen und seine Tante! Zufällig war sie eine der einflussreichsten und angesehensten Frauen in der 5.000 Mitglieder starken Gemeinde.

Es schien so, als ob die Frauen über mich das Urteil gefällt hatten, ich sei eingebildet. Außerdem spielten sie wohl mit dem Gedanken, ich hätte John irgendwie verzaubert, sodass er mit keinem Mädchen mehr ausging. Und das müsse wohl auch der Grund dafür sein, dass er überall herumerzählte, er würde mich heiraten.

Völlig zerknirscht ging ich nach Hause und ich war mir absolut sicher, dass mein Verlangen, Gott zu gehorchen und die Schule zu verlassen, ein riesengroßer Irrtum gewesen war. Ich weinte an diesem Abend, bis mich der Schlaf erlöste.

Überlass Gott das Reden!

Am nächsten Morgen beim Gottesdienst verwandelte sich meine Traurigkeit allerdings in Wut, als ich mitverfolgte, wie diese angesehene Frau auf die Bühne stieg, um etwas weiterzugeben, das Gott ihr aufs Herz gelegt hatte. Ich presste meine Fäuste zusammen und versuchte, nicht die Fassung zu verlieren, bis sie fertig war.

Kaum war der Gottesdienst zu Ende, konnte ich nicht schnell genug zu meinem Auto gelangen. Ich dachte nach und tröstete mich mit der Überlegung: „Ich würde zu gerne wissen, was die Leute denken würden, wenn sie wüssten, wie Frau Hoch-und-Heilig in Wirklichkeit ist!"

Ich malte mir aus, wem und was ich sagen würde, als mich die sanfte Stimme Gottes unterbrach. „Lisa, wenn du dich selbst verteidigst, kann Ich mich nicht für dich einsetzen."

„Aber Gott, es ist nicht wahr!", argumentierte ich.

„Wenn du jetzt anfängst, dich zu verteidigen," antwortete Er, „wirst du es den Rest deines Lebens tun müssen." Dann versprach Er mir: „Wenn du dich nicht wehrst, werde Ich dich verteidigen."

Meine Lage war aussichtslos, das wusste ich. Wem hätte ich denn überhaupt etwas sagen können? Ich kannte niemanden in Dallas außer denen, die mich schlecht gemacht hatten. Ich war 21 Jahre alt und hatte weder Einfluss noch Freunde noch Geld.

Gott fragte mich: „Lisa, weißt du, was Klatsch ist?"

Ich war überzeugt davon, dass ich es wusste, und gab zur Antwort: „Wenn Menschen verantwortungslos und unüberlegt über andere reden."

Der Herr gab mir eine umfassendere Definition. „Klatsch ist, wenn zwei oder mehr Menschen mit den Lügen des Teufels übereinstimmen."

„Aber wenn es wahr ist?", fragte ich, während ich daran dachte, was die Frau in der Gemeinde mir angetan hatte. Ich wollte ja nur die Wahrheit über sie sagen.

Um diese Frage zu beantworten beschrieb mir Gott eine Szene. „Was wäre, wenn du eine Christin am Arm eines Mannes aus einer Bar kommen sehen würdest? Wenn die Frau dann auch noch mit ihm nach Hause gehen und die Nacht mit ihm verbringen würde, was würdest du denken?“

Ich gab die naheliegende Antwort.

Er fuhr fort: „Wäre es richtig, wenn du deine Vermutungen weitersagen würdest?“

Ich war der Meinung, dass ich sie ohne Weiteres mitteilen konnte, wenn ich den Vorfall mit eigenen Augen gesehen hätte und meine Informationen korrekt wären.

„Was wäre, wenn sie ihre Sünde bekannt und um Vergebung gebeten hätte?“, fragte Er. „Was würde dann geschehen? Was würde Ich mit ihrer Sünde machen?“

Ich entgegnete: „Du würdest sie im Meer der Vergessenheit versenken und würdest sie so weit und endgültig von ihr entfernen, wie der Osten vom Westen entfernt ist!“ (nach Ps. 103, 12).

„Demnach wäre es also – soweit es mich betrifft – niemals geschehen. Und wenn Ich es vergessen hätte, dann hättest du auch kein Recht, mit anderen über diese Sache zu reden, oder?“

„Nein“, antwortete ich, „dann hätte ich kein Recht dazu.“

Gott stellte mir in meiner Situation seine Treue unter Beweis und verschaffte mir Recht. Die besagte Frau ging schließlich sogar mit mir zum Mittagessen und entschuldigte sich persönlich bei mir. Doch zuerst musste Gott mich dazu bewegen, zu ihr zu gehen, mich vor ihr zu demütigen und mich dafür zu entschuldigen, dass ich mich unnahbar gezeigt hatte (erinnere dich, ich hatte ein Leben vorgetäuscht, das in Wirklichkeit nicht existierte). Beim Essen gestand sie mir, dass sie gar nicht wusste, warum sie ausgerechnet über mich geklatscht hatte. Und sie sagte, dass sie von nun an ebenso eifrig und lauthals verbreiten würde, was für eine wunderbare junge Dame ich sei.

Süße Nichtigkeiten

Klatsch kann äußerst schmerzvoll sein. Wir alle sind schon einmal durch achtlos hingesagte Worte verletzt worden und haben die damit einhergehende Isolation und Ablehnung zu spüren bekommen. Wir haben gesehen, wie man den Blick von uns abgewendet hat und haben die Distanz in den wohlüberlegten Worten empfunden – Worte, die oftmals unausgesprochene, unterschwellige Botschaften enthielten. Es ist uns nicht fremd, dass uns diejenigen, die uns meiden wollten, den Rücken gekehrt haben.

Vielleicht verhält sich sogar jemand, dem du in aller Offenheit und Verletzbarkeit dein Herz ausgeschüttet hast, heute verschlossen dir gegenüber. Du fühlst dich ausgegrenzt und weißt nicht einmal warum.

Jeder von uns weiß, wie weh das tut. Warum aber schwatzen wir dennoch? Einer der Hauptgründe dafür ist, dass Frauen sehr kommunikativ sind. Für einige von uns ist Reden genauso wichtig wie Essen! Durch das Reden verarbeiten wir Informationen und Probleme. Es ist die Fähigkeit, die uns ermöglicht, unsere Liebe, unsere Sorgen, unseren Humor und unsere Informationen in Form von Worten mitzuteilen. Daneben ist es ebenso wichtig, dass wir diese Befähigung nutzen, um anderen dabei zu helfen, ihre tiefsten Gefühle und Ängste auszudrücken. Frauen haben die Gabe, für andere durch ihren Zuspruch eine warme und ermutigende Atmosphäre zu schaffen. Das ist gesund und notwendig. Klatsch ist allerdings kein nahrhafter Bestandteil dieser ausgewogenen Ernährung.

Wenn wir bei diesem bildhaften Vergleich bleiben, könnte man Klatsch im Bereich der Kommunikation mit Schokolade vergleichen. Was es ihm an Nährwert mangelt, macht er durch seinen Geschmack wett. Wie Schokolade ist er für einen Augenblick ein Leckerbissen, der begeistert und anregt – und besitzt keine nennenswerten Nährstoffe. Der Genuss ist kurz und was dir bleibt, sind Kopfschmerzen. Du weißt, du solltest kein Stückchen mehr davon essen, aber er hat so gut geschmeckt!

König Salomo beschrieb, wie reizvoll es sein kann, zu schwatzen:

Die Worte des Ohrenbläsers sind wie Leckerbissen, sie gleiten hinab in die Kammern des Leibes.

Sprüche 18, 8

Hier wird uns eine sehr anschauliche Beschreibung geliefert. Ein „Leckerbissen" ist ein köstliches, schmackhaftes Häppchen, aber eben nur ein Häppchen. Es ist ein hochstilisiertes kleines Ding – der Bruchteil einer Information oder Unterhaltung, dem zu viel Bedeutung beigemessen wurde. Bedauerlicherweise hat diese hochstilisierte Belanglosigkeit jedoch die Kraft, tief in deine Seele einzudringen.

Im Wörterbuch wird Klatsch als „Gerücht, Diffamierung, Hörensagen, Skandal, Geschwätz, Neuigkeit, Verleumdung" definiert. Das Klatschen und Tratschen wird als „quatschen, plappern, schwatzen, Lärm machen oder Geschichten erzählen" beschrieben. Es ist bemerkenswert, dass der Begriff der Wahrheit bei keiner Definition in irgendeiner Form erwähnt wird. Klatsch ist die nachlässige Verbreitung von unbegründeten Beschuldigungen und Missverständnissen. Er entbehrt jeder Glaubwürdigkeit oder Verantwortlichkeit. Klatsch ist kritische Geheimnistuerei. Die wahren Absichten, die dahinterstecken, werden sorgfältig verborgen gehalten.

Was wirklich dahintersteckt

Ich wünschte, ich könnte von mir behaupten, ich hätte nie mehr geschwatzt, seitdem ich Christin geworden bin, doch das wäre eine glatte Lüge. Zu meiner eigenen Schande musste ich feststellen, dass ich mich, wenn ich unter Druck war, genauso niveaulos und hässlich verhalten konnte wie all die anderen, die ich beobachtet hatte! Warum? Hier sind meine Gründe oder Ausreden. Vielleicht kommen sie dir bekannt vor.

Ich schwatzte, um mich selbst abzusichern und um mich oder die, die ich liebte, zu verteidigen. In anderen Worten: ich fing immer dann an zu klatschen, wenn ich das Gefühl hatte, Gott brauche meine Unterstützung in seinen Bemühungen, mich oder meine Familie zu beschützen. Klatsch war dann für mich ein Mittel zur Verteidigung, wenn ich befürchtete, dass die andere Person meine

Seite der Geschichte noch nicht gehört hatte. Ich schwatzte, wenn andere mich gekränkt hatten. Weil sie mich verletzt hatten und ich ihnen nicht vergeben hatte, trat ich nun meinerseits ihre Fehler und Schwächen breit.

Der folgende Grund ist besonders interessant: Ich tauschte meine Informationen gegen die einer anderen Person ein, um etwas zu erfahren. Wenn du jemanden ins Vertrauen ziehst, wird sich der betreffende Mensch auch dir anvertrauen; das ist ein ungeschriebenes Gesetz. Ein solcher Austausch macht beide Beteiligten verletzbar, was beiden ein gewisses Gefühl der Sicherheit gibt. Wenn der oder die andere dich verrät, dann hast du etwas gegen diese Person in der Hand, womit du dich rächen kannst. Eine solche Denkweise erscheint absurd, wenn man sie schwarz auf weiß liest, und trotzdem wird im tagtäglichen Leben weitgehend danach gehandelt.

Ich war niemals so berechnend, dass ich den Klatsch als wohlüberlegtes Mittel zu einem bestimmten Zweck eingesetzt hätte. Erst nachdem ich Gott erlaubt hatte, mir die wahren Beweggründe meines Herzens zu zeigen, kamen all diese erbärmlichen Ausreden und Entschuldigungen ans Licht. Eines meiner unterschwelligen Motive war Eifersucht.

Der Eifersuchtsfaktor

Wir sind eine leichte Beute für die Eifersucht, wenn wir es irrtümlicherweise als mangelnde Zuneigung Gottes uns gegenüber deuten, dass Gott einem anderen Menschen seine Gunst erweist. Erinnerst du dich an Kain? Er ist das erste Beispiel für einen eifersüchtigen Menschen in der Bibel. Er empfand es als Ablehnung, dass Gott seinem Bruder Abel wohlgesonnen war. Bedauerlicherweise ist Eifersucht unter Christen auch heute noch gang und gäbe.

Eifersucht entzündet das Feuer des Konkurrenzdenkens und Klatsch ist das Öl, das es am Brennen hält. In diesem Bereich ist Klatsch nicht auf leises Flüstern hinter vorgehaltener Hand beschränkt, sondern er wird in aller Öffentlichkeit (oder sogar von einem Rednerpult aus) eingesetzt, um andere zu verleumden. Einflussreiche und mächtige Menschen machen häufig davon Gebrauch, um diejenigen zu diffamieren, die sie als Gefahr für ihren Erfolg betrachten. Eifersucht ist eine sehr hässliche und aufreibende Form der Angst. Es gibt Menschen, die ihre Geschwister aus Eifersucht verfluchen, und es ist ausgesprochen wichtig, dass wir darauf reagieren, indem wir sie segnen.

Neid – auf etwas begierig zu sein, was Gott einem anderen gegeben hat – ist ein Abkömmling der Eifersucht. Ich hatte von mir selbst nicht geglaubt, neidisch zu sein, bis ich eines Tages mitbekam, wie Gott einer anderen Person etwas gab, was ich brauchte.

Als wir anfingen, zu reisen, durchquerten wir die Vereinigten Staaten in einem Honda Civic, der mit uns und unseren drei kleinen Kindern vollgepackt war. Jeden Abend fassten wir uns alle bei den Händen und beteten gemeinsam. Im Glauben dankten wir Gott für einen neuen Kleinbus.

So unterwegs besuchten wir eines Tages eine Gemeinde, in der ein Ehepaar gerade einen Kleinbus geschenkt bekommen hatte. Obwohl ich mich für sie freute, war ich im Hinblick auf meine Situation unglücklich! Ich brauchte dringend einen Kleinbus! Das Paar, das den Wagen bekommen hatte, war Mitglied der Gemeinde, in der wir dienten. Sie hatten nicht so viele Kinder wie wir und sie reisten überhaupt nicht. Gott hatte ihnen ohne Grund einen Kleinbus geschenkt. Sie selbst gaben sogar zu, dass sie ihn eigentlich gar nicht brauchten.

Ich war überzeugt davon, dass hier ein Irrtum vorlag. Sicherlich hätte derjenige – wer auch immer ihnen den Wagen geschenkt hatte – ihn eigentlich uns geben sollen! Ich wusste, dass meine Reaktion nicht korrekt war, aber ich dachte: „Das ist nicht fair!"

Völlig entmutigt beschwerte ich mich bei Gott. Meine Not war dringlicher, wieso also hatte Er das Auto nicht mir gegeben?

Er antwortete mir: „Lisa, ärgerst du dich, weil du denkst, ich sei nun nicht mehr fähig, dich zu segnen, nur weil ich sie gesegnet habe? Meine Fähigkeit hat keine Grenzen."

Natürlich hatte Gott Recht. Ich empfand ihren Segen als eine Missachtung meiner Notlage. Statt mich mit ihnen zu freuen, ließ ich mich von Neid übermannen und schaute nur auf mich selbst.

Alles, was ich in meiner Vorstellung sehen konnte, war, dass in Gottes „Warenlager" nun ein Kleinbus weniger zur Verfügung stand. Und ich dachte mir, dass ihre Segnung Gottes Fähigkeit, mich zu versorgen, geschmälert hatte. Dieses Paar hatte meine „Gewinnchancen" verringert!

Wir geraten dann in Versuchung, zu klatschen, wenn wir davon ausgehen, dass Gottes Möglichkeiten, uns zu segnen, zu beschützen und zu versorgen, dadurch eingeschränkt werden, dass Er anderen Menschen seine Gunst erweist, für sie sorgt oder sie befördert.

Wenn wir andere auf unsere Seite ziehen

Sogar unter Freunden kann es zu Eifersüchteleien kommen. Vielleicht hat Gott uns einen Freund geschenkt, doch aus Unsicherheit versuchen wir diese Freundschaft abzuschirmen. Deshalb geraten wir in die Versuchung, alles oder jeden in Missgunst zu bringen, um jegliche Bedrohung für diese Freundschaft auszuschalten. Wir machen andere schlecht, weil wir uns so die Treue unseres Freundes sichern wollen. Freundschaften, die auf einem solchen Fundament aufgebaut sind, werden niemals lange anhalten, weil wir besitzergreifend und eifersüchtig sind. Wir werden sogar genau von diesem, unserem Freund gekränkt werden, weil wir die kleinste Aufmerksamkeit, die er einer anderen Person schenkt, als Untreue uns gegenüber auffassen werden.

Es ist – besonders in der heutigen Zeit – ein absolutes Muss, dass wir Gott erlauben, unsere Freundschaften auf seiner Wahrheit und nach seinen Prinzipien aufzubauen. Zuallererst aber mach Gott zu deinem besten Freund!

> *Wer Reinheit des Herzens liebt, wessen Lippen wohlgefällig reden, dessen Freund ist der König.*
>
> Sprüche 22, 11

Dann lass den König deine Freunde auswählen.

Ein reines Herz zu haben, muss uns wichtiger sein als unser Bedürfnis, Freunde zu haben. Unser Herz wird unter anderem dadurch gereinigt, dass wir unsere Redeweise ändern. Unsere Worte sollen gnadenvoll sein, das heißt, mit Gnade erfüllt. Gnade hat zwei Bedeutungen:

1. Die Fähigkeit, das zu tun, was die Wahrheit fordert.
2. Unverdiente Gunst.

Beide Definitionen lassen sich auf unsere Freundschaften übertragen. Um Worte der Gnade sprechen zu können, müssen wir diejenigen respektieren und schützen, die es nach unserer Einschätzung eigentlich gar nicht verdient hätten. Aber tut Gott für uns nicht genau dasselbe? Er bedeckt uns mit seinem Blut und ehrt uns mit seinem Namen. Auf dieselbe Weise sollen wir unsere Mitmenschen schützen und respektieren, ob wir nun der Meinung sind, dass sie es verdient haben oder nicht. Gott wird seine Freunde für uns aussuchen und deshalb möchte Er, dass wir sie so behandeln, wie Er mit ihnen umgehen würde. Dann wird uns Gott echte Freunde anvertrauen, weil Er weiß, dass wir zu ihnen aufrichtig und echt sein werden.

Achte darauf, was du dir anhörst!

Bis zu diesem Punkt haben wir über Klatsch auf verbaler Ebene gesprochen, doch Klatsch ist nicht nur darauf beschränkt, was geredet wird. Oftmals ist die schwerwiegendere und destruktivere Form des Klatsches nicht das, was du gesagt hast, sondern das, was du dir angehört hast.

> *Ein Übeltäter hört auf die Lippe des Unheils, ein Lügner schenkt Gehör der Zunge des Verderbens.*
>
> Sprüche 17, 4

Die Bibel nennt einen Menschen, der auf jemanden hört, der Böses redet, schon einen Übeltäter. Vielleicht hast du anderen zugehört und gedacht, es sei in Ordnung, weil du dem, was sie gesagt haben, nicht zugestimmt hast. Du wolltest ihnen nur einen Gefallen tun, indem du ihnen die Gelegenheit gegeben hast, bei einem Außenstehenden „Dampf abzulassen“. Lass dir sagen, dass du damit weder ihnen noch dir selbst einen Gefallen tust!

Während du zugehört hast, wurde deine Seele beschmutzt und mit den Worten belastet, die du gehört hast. Ohne dass es dir bewusst ist, wirst du nun die erwähnten Eigenschaften und Charakterschwächen in der Person, die kritisiert wurde, entdecken. Erstaunlicherweise sind dir plötzlich die Augen aufgegangen und du siehst klar und deutlich Dinge, die dir zuvor an ihr nie aufgefallen sind. Und du denkst, der Grund dafür sei, dass dein Urteilsvermögen geschärft worden sei. Nein, du bist nur misstrauischer und kritischer geworden!

Wenn du von nun an den Namen des Betreffenden hörst, meldet dir dein Gehirn jedes Mal sofort die Anschuldigungen und Vorwürfe, die du damals gehört hast. Und schon bald wirst du gegen deine eigenen kritischen Gedanken über diesen Menschen anzukämpfen haben. Du bist schwer versucht, über ihre oder seine Beweggründe und Handlungen zu urteilen.

Im Hinblick auf Leiter oder Ehepartner kann das besonders gefährlich sein.

Wenn wir uns Gerüchte über Menschen anhören, die uns übergeordnet sind, untergraben wir die Autorität derer, die Gott über uns eingesetzt hat (Chef, Eltern, Lehrer oder Pastoren). Wir werden misstrauisch gegenüber denen, die Gott in unser Leben gebracht hat, um uns anzuleiten, zu versorgen, zu lehren oder zu dienen.

Der Klatsch, den wir uns anhören, gefährdet unsere Ehe, weil er unsere Intimsphäre zerstört. Wir sind nicht in der Lage, uns unserem Partner hinzugeben, wenn wir befürchten, er könne uns verletzen. Es ist wichtig, dass du jemandem, der sich bei dir über deinen Ehepartner beschweren möchte, klar machst, dass du mit deinem Partner eins bist.

Zu Beginn unseres Dienstes luden mich einige Frauen zum Mittagessen ein. Eine von ihnen erzählte mir im Laufe des Gesprächs, wie sehr sie mich mochte, doch dass sie das Gefühl habe, mein Mann sei zu extrem. Sie nannte mir ihre Gründe und fing dann an, John zu kritisieren.

Ich unterbrach sie. „Bitte entschuldige, wenn ich bei dir den Eindruck erweckt habe, dass ich nicht mit John übereinstimme oder ihn in seiner Position nicht unterstütze, denn das tue ich. Wenn du etwas gegen ihn sagst, sagst du es auch gegen mich. Deshalb kannst du deine Kritik direkt an mich wenden." Sie hörte sofort auf. Ihr Interesse galt der Kritik, sie wollte nicht Probleme lösen.

Sei vorsichtig! Erlaube niemandem, nicht einmal Familienangehörigen, deinen Ehepartner zu kritisieren und eure Einheit anzutasten. Stelle fest, ob sie konstruktiv oder destruktiv sind. Oftmals sind sich solche Leute gar nicht bewusst, welche schädlichen Auswirkung ihre Worte haben. Sie denken, dass sie dir helfen, wenn sie ein Problem hervorheben und ansprechen. Korrigiere sie höflich!

Was sollen wir tun?

Das waren einige Fallen, in die wir geraten können, wenn wir uns an Klatsch beteiligen. Ich war offen mit dir, damit du nun ebenfalls ehrlich mit dir selbst bist.

Jedes Mal, wenn ich geklatscht hatte, war ich hinterher zerknirscht und traurig und ich gelobte, es nie wieder zu tun. Diese Sache frustrierte mich ständig. Ich wusste in meinem Herzen, dass ich es nicht tun wollte, und doch schien es mir unmöglich zu sein, damit aufzuhören. Ich bat für den einen Vorfall um Verzeihung und war bereits in den nächsten Klatsch verstrickt. Schließlich kam ich an den Punkt, wo ich Gott bat, mich so lange zu isolieren, bis ich fähig sein würde, diesen Schwachpunkt oder dieses Verhaltensmuster in meinem Leben zu überwinden.

Wie konnte es überhaupt zu diesem Schwachpunkt in meinem Leben kommen und warum fiel es mir so schwer, über ihn hinwegzukommen? Stell dir vor, du hättest hinter deinem Haus einen Obstgarten, in dem reihenweise Obstbäume wachsen. Eine Baumreihe trägt immer nur schlechte Früchte. Die Früchte sind krank und von Würmern und Insekten befallen. Weil du nicht möchtest, dass diese Krankheit von den schlechten auch auf die guten Bäume übergeht, pflückst du Woche für Woche in der ganzen Reihe die kranken Früchte ab, um sie anschließend zu verbrennen. Doch sobald du mit dem letzten Baum in der Reihe fertig bist, entdeckst du schon wieder neue, schlechte Früchte am ersten Baum. Frustriert beginnst du mit der mühevollen Prozedur von vorne.

Um all dies zu schaffen, musst du die Pflege deiner guten Bäume und deren Ernte vernachlässigen. Diese Bäume sind brechend voll mit guten Früchten, doch du bist zu sehr damit beschäftigt, die schlechten Früchte zu beseitigen.

Wenn du den Klatsch als Frucht loswerden möchtest, musst du zuerst den Baum vernichten. Es ist sinnlos, frustrierend und reine Zeitverschwendung, die Früchte zu zerstören. Du musst die Axt an die Wurzeln legen, die den Baum ernähren und Früchte tragen lassen. Diese Wurzeln saugen etwas in sich auf, was schließlich zur Erkrankung der Früchte führt.

Klatsch ernährt sich von Unglauben und wird von Angst bewässert. Wir wissen bereits, dass Angst ein Geist und Unglaube eine Herzenshaltung ist. Deshalb wäre es sicherlich nicht falsch, wenn wir Klatsch ebenfalls als eine Herzenseinstellung bezeichnen würden.

Wir fallen dem Klatsch dann zum Opfer, wenn wir uns davor fürchten, Gott zu vertrauen und nicht glauben, dass Er uns tatsächlich bewahrt und behütet. Wenn wir ehrlich sind, werden wir Wurzeln der Angst oder des Unglaubens finden, ganz gleich wie kompliziert oder einzigartig unsere Lage ist.

Wir vergeben nicht, weil wir befürchten, erneut verletzt zu werden. Also bewachen wir die Kränkungen, die wir in der Vergangenheit erfuhren. Ein solches Verhalten beweist, dass wir Gottes Fähigkeit anzweifeln, uns von der Vergangenheit zu heilen und uns in der Zukunft zu beschützen.

Wir machen andere schlecht, weil wir glauben, dass unser Wert von anderen abhängt. Wenn jemand gut aussieht, befürchten wir, wir könnten bei einem Vergleich schlecht abschneiden. Das beweist, dass unser Selbstwert nicht in Jesus Christus gegründet ist.

Wir sind eifersüchtig, weil wir nicht glauben, dass Gott gerecht ist. Unsere Angst ist, dass Gott Lieblingskinder hat und Menschen – statt Glauben und Gehorsam – ehrt. Wir dürfen nie vergessen, dass wir alles, was wir empfangen, durch die göttliche Gnade und den Glauben an die Güte Gottes bekommen.

Wie die Wunden, die der Klatsch verursacht hat, geheilt werden

Da ist ein Schwätzer, dessen Worte sind Schwertstiche; aber die Zunge der Weisen ist Heilung.

Sprüche 12, 18

Klatsch besteht aus leichtsinnig oder achtlos gesagten Worten, die verletzen. Der einzige Weg, solche Wunden zu heilen, besteht darin, Worte zu entgegnen, die weise sind und zur Versöhnung beitragen. Wir dürfen nicht auf dieselbe Weise antworten, wie uns die Information übermittelt wurde. Dies wäre beispielsweise der Fall, wenn wir dem, der schwatzt, zustimmen würden und dann unsrerseits berichten würden, wie die kritisierte Person auch uns gekränkt hat. Das wäre für keinen der Beteiligten heilsam! Wir werden vielmehr aufgefordert:

Antworte dem Toren nicht nach seiner Narrheit, damit nicht auch du ihm gleich wirst!

Sprüche 26, 4

Wer Vergehen zudeckt, strebt nach Liebe; wer aber eine Sache immer wieder aufrührt, entzweit Vertraute.

Sprüche 17, 9

Wenn wir uns immer wieder denselben Fehler anhören, kann uns dies von unserem besten Freund trennen. In diesen Versen ist die Rede von Verletzungen und Wunden, die uns jemand zugefügt hat, der uns sehr nahe steht. Wir müssen die Weisheit und das Unterscheidungsvermögen entwickeln, die erforderlich sind, um mit belebenden Worten antworten zu können. Ich habe entdeckt, dass das Buch der Sprüche eine hervorragende Quelle der Weisheit ist, nach dem ich mein Herz richten kann. Im Anhang dieses Buches findest du noch zusätzlich eine Liste mit Schriftstellen, die dir helfen werden.

Es ist schwierig, dich vor dieser Art des Klatsches zu schützen, doch es wird dir in entsprechenden Situationen helfen, wenn du dir folgende Fragen stellst:

- Warum erzählen sie mir das?
- Gestehen sie ihre Reaktion auf eine Kränkung oder wiederholen sie diese nur, um mich zu beeinflussen?
- Sind sie schon auf die Person zugegangen, die sie beleidigt hat?
- Möchten sie, dass ich mit ihnen zu dieser Person gehe, damit wieder alles in Ordnung gebracht wird?
- Bin ich überhaupt in der Lage, ihnen zu helfen?

Wenn die Antworten auf diese Fragen nicht klar und eindeutig sind, bist du nicht die Person, mit der sie sprechen sollten. Sie sollten zuerst mit dem Menschen das Gespräch suchen, der sie verletzt hat.

Wenn wir die Sprüche studieren und uns diese Fragen einprägen, werden wir nicht nur lernen, wie wir klug sein und richtig antworten können, sondern wir werden zudem auch unsere eigenen Gedanken und Motive richtig einschätzen und korrigieren können. Das gilt ebenso, wenn wir uns bei anderen aussprechen möchten.

Du wirst angegriffen!

Sei auf der Hut vor Dingen, die deine ablehnende Haltung gegenüber Klatsch schwächen könnten! Wenn dich jemand um Rat bittet, kann es sein, dass dir diese Person – sei es bewusst oder unbewusst – schmeichelt. Das kann bewirken, dass du nicht mehr sachlich urteilst.

> *Ein Bestechungsgeschenk nimm nicht an; denn das Bestechungsgeschenk macht Sehende blind und verdreht die Sache der Gerechten.*
>
> 2. Mose 23, 8

Es ist sehr unwahrscheinlich, dass dir jemand einen Zwanzigeuroschein in die Hand drückt. Du musst dich in Acht nehmen vor Bestechungen wie Schmeicheleien, die sich etwa so anhören können: „Ich weiß, dass ich dir das sagen kann, weil du es niemand sagen wirst." Das gibt uns das Gefühl, dass wir vertrauenswürdig sind und eine ganz besondere Beziehung zu der betreffenden Person haben. Unter dem Einfluss solcher Schmeicheleien habe ich versprochen, bestimmte Angelegenheiten für mich zu behalten, die eigentlich hätten aufgedeckt werden müssen. Ob jemand vertrauenswürdig ist, zeigt sich erst mit der Zeit. Wir können nie sicher sein, dass wir alle Einzelheiten wissen, bis wir die ganze Geschichte gehört haben.

Jemand schmeichelt dir vielleicht mit den Worten: „Ich weiß, dass du an Gott glaubst und ein gutes Urteilsvermögen hast."

Ich habe einmal einen Anruf von einer Frau bekommen, die gehört haben wollte, dass ich die Fähigkeit besäße, Träume zu deuten. Dann fuhr sie fort und erzählte mir nicht nur, was sie geträumt hatte, sondern auch ihre Interpretation dieses Traums. Eine Schlussfolgerung, die sie aus diesem Traum gezogen hatte, war, dass ihr Pastor kein geisterfüllter Mann war. In Wirklichkeit hatte sie gar keine Frage an mich. Sie berichtete mir lediglich eine Sache, zu der sie meine Zustimmung haben wollte und in der ich sie unterstützen sollte. Achte darauf, wem du Gehör schenkst!

Als ich ein Kind war, wohnte bei uns um die Ecke eine sehr nette irisch-katholische Familie mit acht Kindern. Die Mutter hatte die Küche auf besondere Weise dekoriert. Sie hatte eine Auswahl an Sprichwörtern an den Wänden hängen, die sie selbst gezeichnet hatte. An einen dieser Sprüche kann ich mich noch ganz genau erinnern: „Wer mit dir schwatzt, schwatzt auch über dich."

Aus eigener Erfahrung weiß ich, dass dieses Sprichwort wahr ist. Die, die mit Geschichten zu dir kommen, nehmen auch wieder Geschichten mit, wenn sie von dir weggehen. In ihren Unterhaltungen werden sie dann des Öfteren deinen Namen erwähnen: „Ich war vor einigen Tagen bei Lisa zum Mittagessen. Hast du gewusst, dass So-und-So dies und jenes gesagt hat?" Alles, an was sich die anderen Gesprächsteilnehmer erinnern werden können, ist dein Name und diese Bemerkung. Nun bist du mitschuldig.

Sag die Wahrheit!

Wir müssen innerlich aufstehen, die Schmeicheleien der Menschen durchschauen und den Mut haben, die Wahrheit zu sagen. Schon durch das bloße Zuhören geben wir einer Verärgerung stillschweigend unsere Zustimmung. Wir müssen Gott um seine Weisheit bitten, sodass wir seine Wahrheit sagen können und somit für Wiederherstellung sorgen. Die Bibel warnt uns davor, uns gegenseitig anzugreifen:

> *Wenn ihr aber einander beißt und fresst, so seht zu, dass ihr nicht voneinander verzehrt werdet!*
>
> Galater 5, 15

Warum sollte Satan sich die Mühe machen, uns zu bekämpfen, wenn er uns dazu bringen kann, dass wir ihm diese Arbeit abnehmen? Erinnere dich daran, dass ihm alle Waffen abgenommen worden sind. Er möchte, dass wir an seiner Stelle unsere Glaubensgeschwister anklagen. Wenn wir uns gegenseitig verleumden und gegeneinander Krieg führen, handeln wir ganz in seinem Sinn.

Es ist höchste Zeit, dass wir einander aufbauen, nicht niedermachen. Es ist wichtig, dass wir nicht mit den Lügen des Teufels übereinstimmen, sondern mit der Wahrheit des Vaters.

Auch wenn wir bestimmte Dinge als harmlos und gut gemeint ansehen, so hat Gott doch einen Weg uns zu offenbaren, was sich wirklich dahinter verbirgt. Wenn wir Ihn darum bitten, das Echte vom Falschen zu trennen, zeigt Er uns unsere verborgenen Mängel auf und hält sie uns vor Augen, damit wir sie in seinem Licht betrachten können. In seinem alles durchdringenden Licht sieht manches völlig anders aus als im Dämmerlicht unserer Absichten. In solchen Augenblicken erkennen wir unsere Fehler mit aller Deutlichkeit – erschreckend.

Obwohl wir versucht sein werden, Ausreden für unser Verhalten zu finden, ist es von entscheidender Bedeutung, dass wir den Schmerz und die Scham, die wir dabei empfinden, in diesem Augenblick unser Herz durchdringen lassen. Dann werden wir uns unserem liebenden Vater zuwenden und Ihn um Vergebung bitten, dem Klatsch abschwören und uns freuen, wenn Gott ihn hinwegfegt. Wenn wir den Fehler begehen und unser Verhalten verteidigen, dann werden wir weiterhin darin verstrickt sein.

Bitte Gott darum, dein Herz zu prüfen, damit du die Wahrheit erfährst und frei gemacht wirst.

Vater,
ich bitte Dich im Namen Jesu, meine Augen zu öffnen, damit ich die Absichten und Beweggründe meines Herzens richtig beurteilen kann. Ich bitte Dich um Vergebung für jede Gelegenheit, bei der ich mit meinen Worten jemanden verunglimpft und Dir nicht vertraut habe, dass Du mich schützt. Ich unterwerfe mich Deiner Fürsorge. Stelle eine Wache vor meinen Mund, damit ich nicht gegen Dich sündige (Ps. 141, 3). In Jesu Namen, Amen.

Wenn wir es erlauben,
werden die täglichen Anforderungen
und der Alltagsdruck
immer unsere Prioritäten verschieben
und unseren Tagesplan
durcheinander bringen.

13

Selbstverleugnung oder Selbstaufopferung

Jeder will etwas von mir! Diese Worte werden oft mit zusammengebissenen Zähnen gesagt, wenn wir das Gefühl haben, dass von überall her Anforderungen an uns gestellt werden. Doch wenn wir ehrlich sind, wird diese Beschwerde von einer gewissen Selbstzufriedenheit begleitet. Es könnte ja schlimmer sein – was wäre nämlich, wenn wir von niemandem gebraucht würden? Was wäre, wenn unsere Mitmenschen unsere Arbeit und unser Talent gar nicht bemerken würden?

Während wir also völlig erschöpft sind, tröstet uns die Tatsache, dass wir gebraucht werden. Wir seufzen und versichern rasch den Leuten, mit denen wir es zu tun haben, dass wir mit den enormen Aufgaben, die man uns aufgebürdet hat, schon fertig werden. Warum?

Weil Frauen das Gefühl brauchen, gebraucht zu werden; Männer dagegen möchten respektiert werden. Frauen sind mitfühlend. Es ist in unserem Wesen verankert, dass wir helfen und unterstützen möchten. Für eine Frau ist es sehr wichtig, zu wissen, dass sie unentbehrlich und unersetzbar ist. Um sich diesen Stellenwert zu erhalten, wird sie oftmals im Kreis ihrer Familie die Rolle der „Helferin" übernehmen.

Doch sind wir wirklich die Helferinnen? Gott hat die Frau dazu bestimmt, sich um ihren Ehemann, um ihre Kinder und um die, die ihr nahe stehen, zu kümmern und für sie zu sorgen. Diese Aufgabe, die uns eigentlich beflügeln sollte, kann uns jedoch auslaugen, wenn wir alle Nöte in unserer eigenen Kraft und Fähigkeit beseitigen wollen. Manchmal sind wir so eifrig damit beschäftigt, auszuhelfen und einzuspringen, dass wir dabei vergessen, dass wir selbst auch gewisse Bedürfnisse haben. Die Geschäftigkeit kann unser größter Feind werden.

Ohne sich dessen bewusst zu sein, neigen Frauen dazu, jede Not, auf die sie aufmerksam gemacht werden, an erste Stelle zu setzen. In einer Krisensituation ist das durchaus angemessen und es ist wichtig, dass wir bis zu einem gewissen Grad flexibel sind und spontan reagieren. Doch wenn die Ausnahme zur Gewohnheit wird, hat dies schädliche Auswirkungen.

Um für Christus wirkungsvoll zu sein, müssen wir wissen, was wir tun sollen – wozu wir geschaffen worden sind. Wenn wir nicht die richtigen Prioritäten setzen, werden wir ziellos in den Tag hineinleben in der Hoffnung, dass wir auf dem richtigen Weg sind.

Wenn wir es erlauben, werden die täglichen Anforderungen und der Alltagsdruck immer unsere Prioritäten verschieben und unseren Tagesablauf durcheinander bringen. Und in null Komma nichts haben unbedeutende „Kleinkrisen“, Unterbrechungen und Telefonanrufe unser ganzes Konzept durcheinander gebracht. Dann werden ziellose Aktivitäten unser Leben bestimmen. Diese Unruhe laugt uns aus. Unsere Tage werden zwar mit Geschäftigkeit erfüllt sein, die jedoch kaum produktiv ist. Auf diese Weise trocknen wir aus und fühlen uns gleichzeitig wie Versager. Dies wiederum raubt uns unsere Freude und mit ihr schwindet auch unsere Kraft.

Meine frustrierende Routine

Zum besseren Verständnis benutze ich einige Beispiele aus meinem eigenen Leben. Mir ist es früher oftmals schwer gefallen, Hilfe von anderen anzunehmen. Ich fühlte mich dann schuldig und war der Meinung, dass ich selber mit der betreffenden Situation fertig werden musste. Ich dachte: Wenn ich besser planen oder früher aufstehen würde, könnte ich alles schaffen. Wenn jemand sich anbot, mir unter die Arme zu greifen, fühlte ich mich verpflichtet, die Person im Gegenzug zu unterhalten oder ihr auf irgendeine andere Weise einen Gefallen zu tun, um so die Schuldgefühle zu mildern, die ich wegen meiner eigenen Unfähigkeit hatte.

Da war es schon einfacher, alles selbst zu tun. Aber ich wurde ständig abgelenkt und meiner Energie beraubt. Ich ließ es zu, dass das, was die anderen brauchten, immer vorrangig war.

Ich rannte den ganzen Tag im Kreis herum – reagierte auf diesen Zwischenfall, begann diese Arbeit, wurde unterbrochen von einem anderen dringenden Notfall – bis ich schließlich völlig frustriert war und beschloss, irgendwie zu überleben, bis meine Kinder im Bett waren. Dann würde ich endlich eine Pause einlegen können.

Das letzte meiner Kinder steckte ich gegen 22.00 Uhr ins Bett. Dann wurde ich lebendig. Endlich konnte ich etwas zu Ende bringen, da die Kinder schliefen und das Telefon nicht mehr klingelte. Jetzt wurde ich nicht ständig unterbrochen. Während sich der Rest der Welt zur wohlverdienten Nachtruhe begab, stopfte ich eine Ladung Wäsche in die Waschmaschine und hetzte dann in die Küche.

Wenn man kleine Jungs und einen Ehemann hat, der nicht oft zuhause ist, kann einen der Zustand der eigenen Küche in Angst und Schrecken versetzen; diese Erfahrung habe jedenfalls ich gemacht. Wollte ich beispielsweise die Essensreste, die unter den Tisch gefallen waren, wegputzen, kam ich zu dem Schluss, dass ich den gesamten Küchenfußboden in Angriff nehmen musste. Im ganzen Haus hatten wir weiße Fliesenböden mit weißen Fugen und sie in dieser Farbe zu halten, war eine echte Herausforderung. Ich griff zu Bleich- und Scheuermitteln und schrubbte sie mit einer Zahnbürste, bis ich das Gefühl hatte, von den Dämpfen des Bleichmittels in Kürze ohnmächtig zu werden. Dann eilte ich nach oben in unser Büro, um Schecks für die noch zu begleichenden Rechnungen auszustellen. Bis ich dann endlich zu meinem Bett taumelte, war es meistens schon 1.00 oder 2.00 Uhr morgens.

Um 6.30 Uhr fing der ganze Ablauf von vorne an. Benommen tapste ich in die Küche, um mir einen „Schuss" Kaffee zu verpassen. Meine Kinder beobachteten mich dabei mit einer Mischung aus Mitleid und Neugier. Sie wussten inzwischen (weil ich es ihnen oftmals gesagt hatte), dass Mamis stundenlang Dinge tun, wenn alle anderen bereits schlafen.

Mein ältester Sohn fragte auf kindlich unschuldige Weise: „Warum gehst du denn nicht einfach ins Bett?"

„Das kann ich nicht. Wer würde denn dann alles tun?", erklärte ich.

„Ach so", meinte er, während er traurig mit dem Kopf nickte.

Ich hörte meinen Kindern immer zu, wenn sie ihr Nachtgebet sprachen, und mein zweitältester Sohn betete regelmäßig: „Gott, lass Mami morgen frisch sein." Doch das war ich nie!

Also schauten sie mir hilflos zu, wie ich wie ein Gummiball von einer Seite der Arbeitsplatte zur anderen hüpfte, während ich versuchte, Pausenbrote zu packen und Frühstück zu machen. Ich fuhr meinen ältesten Sohn zur Schule, räumte dann die Küche auf und versuchte, unter die Dusche zu kommen, bevor das Telefon anfing zu klingeln – doch ich schaffte es eigentlich nie richtig. Es war 9.00 Uhr und der Rest der Welt war bereits wach und geduscht.

Die ständigen Unterbrechungen frustrierten mich ungemein, denn meistens kam ich erst aus der Dusche, wenn es schon wieder Zeit war, das Mittagessen zu kochen. Nach dem Mittagessen hatte ich auch nur etwa eine Stunde Zeit für Hausarbeiten, dann musste ich die Kinder wieder abholen.

Das war mein Tagesablauf.

Als ich mit meinem vierten Sohn schwanger war, bekam ich Anämie. Nun zog mein Ehemann die Bremse. Er sorgte dafür, dass ich eine Putzfrau anstellte, die zweimal im Monat kommen sollte. Das half ein bisschen, doch während der anderen zwei Wochen des Monats ließ sich das Chaos nicht aufhalten.

Als ich, im vierten Monat schwanger, wieder einmal um Mitternacht auf Händen und Knien meinen Fliesenboden scheuerte, murmelte ich voller Stolz vor mich hin: „Keine Putzfrau bekommt meinen Boden so sauber. Niemand putzt diese Fugen so weiß wie ich!"

Gott unterbrach mich: „Lisa, wenn du eines Tages vor mir stehen wirst, werde ich dich nicht dafür belohnen, dass du deinen Fliesenboden am saubersten geputzt hast. Du wirst dafür eine Belohnung erhalten, wie treu du die Dinge getan hast, die ich dir aufgetragen habe. Halte dich nicht mit diesem Kleinkram auf!" Plötzlich erschien mir mein Prahlen so dumm, meine Mühe so sinnlos. Ich wusste bereits, was am nächsten Morgen geschehen würde. Ich würde müde und schlecht gelaunt aufwachen und der Zeit schon hinterher hetzen, bevor der Tag richtig begonnen hatte.

Aber ich war ein Dickkopf. Mein Selbstwertgefühl hing davon ab, dass ich all diese Dinge tat. Ich genoss es, von meiner Familie als Märtyrerin angesehen zu werden. Ich überlegte: Ich werde einfach schon um 6.00 Uhr aufstehen. Dann kann ich duschen, bevor meine Kinder aufwachen, und das wird sich positiv auf meine Organisation auswirken. Danach kann ich mit der Hausarbeit, der Verwaltung des Dienstes und der Versorgung der Kinder fortfahren. Nach diesem Plan tat ich auch alles, doch trotzdem kam ich nicht hinterher.

Ich hatte mein Selbstwertgefühl auf etwas anderes als auf Gott gegründet. Ich bezog es aus meiner selbstlosen Aufopferung für meine Familie. Doch genauer betrachtet war ich gar nicht so uneigennützig. Es war sogar sehr egoistisch, ihnen das vorzuenthalten, was sie wirklich brauchten – meine Zeit und meine Zuwendung.

Wenn man sich selbst und die Familie vernachlässigt

Als ich im fünften Monat schwanger war, wurde mein Auto von hinten angefahren. Das Baby erlitt keinen Schaden, doch ich hatte – zu dem, dass ich schwanger war – auch noch ein Schleudertrauma. Nun war ich körperlich absolut nicht mehr in der Lage, mich um alles zu kümmern. Jetzt wurden meine physischen Grenzen und meine falsche Selbsteinschätzung offensichtlich. Schließlich ergab ich mich und stellte eine Putzfrau an, die einmal wöchentlich kommen sollte, bis das Baby da sein würde.

Warum hatte ich erst aufgegeben, als ich mit meinen Kräften völlig am Ende war? Weil ich so beschäftigt gewesen war und mich um so viele Dinge gesorgt hatte. Ich hatte Selbstverleugnung mit Selbstaufopferung verwechselt. Wenn ich für alle anderen sorgte, ohne dabei an mich selbst zu denken, so dachte ich, würde ich mich selbst verleugnen. Ich hatte dann das Gefühl, gebraucht zu werden und geistlich zu sein. Doch in Wirklichkeit verweigerte ich mich meiner Familie; ich verleugnete die Berufung Gottes auf meinem Leben; und vernachlässigte meine eigenen Bedürfnisse.

Selbstverleugnung im biblischen Sinn bedeutet, den eigenen, menschlichen Willen aufzugeben und sich zu entscheiden, dem Plan Gottes zu folgen.

> *Dann sprach Jesus zu seinen Jüngern: Wenn jemand mir nachkommen will, der verleugne sich selbst und nehme sein Kreuz auf und folge mir nach.*
>
> Matthäus 16, 24

Ich verweigerte meinen Kindern am Morgen eine ausgeruhte, gut gelaunte Mutter. Meinem Mann und meinen Kindern enthielt ich gemeinsame Zeit mit mir vor, weil ich immer angespannt und zerstreut war. Ich hatte den Eindruck, ich müsse unermüdlich arbeiten, weil ich die Last all der Dinge, die ich noch zu erledigen hatte, ständig mit mir herumtrug.

Wegen meines verrückten Terminplans hatte mein Mann, wenn er zuhause war, im Bett nichts von mir. Ich blieb viel länger wach als er oder ich schlich aus dem Schlafzimmer, sobald er eingeschlafen war. Für meine Kinder war ich oft nicht ansprechbar. Ohne dass es meine Absicht gewesen wäre, ließ ich sie links liegen, sobald ein Telefonanruf unsere gemeinsame Zeit unterbrach. Dann brachte ich sie eilends ins Bett. Ich genoss weder meinen Ehemann noch meine Kinder – ich ertrug sie!

Mama Martha

Ich war eine „Martha-Mama“ geworden. Ich gönnte mir keinen Schlaf, keinen Sport und keine Erholung mehr. Ich opferte die Freude an meiner Ehe und meinen Kindern aus dem einzigen Grund, dass ich mich um die „Dinge“ kümmern musste.

Und das größte Übel war, dass ich mich in geistlicher Hinsicht vernachlässigte, da ich immer nur gab und nie neue Kraft nachschöpfte. Diese Art der Selbstaufopferung diente keinem geistlichen Zweck, sondern nur Mamis Geschäftigkeit. Ich war eine richtige Martha! Ich setzte mich auf den Boden, um zu beten, und entdeckte einen Lego-Baustein unter dem Sofa. Nachdem ich ihn aufgeräumt hatte, fiel mir irgendetwas anderes ins Auge, das nicht am richtigen Platz war. Kurz darauf putzte ich das gesamte obere

Stockwerk und hatte schon längst vergessen, dass ich mich hingekniet hatte, um zu beten.

> *Jesus aber antwortete und sprach zu ihr: Martha, Martha! Du bist besorgt und beunruhigt um viele Dinge; eins aber ist nötig. Maria hat das gute Teil erwählt, das nicht von ihr genommen werden wird.*
>
> Lukas 10, 41–42

Manchmal müssen wir die Lego-Bausteine einfach liegen lassen, unsere Augen schließen, alles ausschalten, was uns ablenken könnte und Gottes Nähe suchen. Am Anfang kann dir das schwieriger erscheinen, als die Wohnung zu putzen. Wir sind daran gewöhnt, geschäftig zu sein. Dabei haben wir das Gefühl, gebraucht zu werden. Martha wollte, dass Maria ihr in der Küche bei der Zubereitung des Essens half. Doch Maria hatte die Einstellung: „Essen kann ich später. Jetzt redet Jesus gerade und ich möchte Ihm zuhören." Unsere Gebetszeit, unser Lobpreis und unsere Anbetung sind nicht zusätzliche Anforderungen, die der Herr an uns stellt. In diesen Zeiten möchte Er uns erfrischen und uns neue Kraft geben.

Für mich war das Gebet lediglich eine weitere Sache, die ich am Ende des Tages nicht erledigt hatte. Ich betete zwar jeden Tag, doch ich wollte für das Gebet zwei ganze Stunden haben, möglichst in einem Schrank versteckt (wobei es sicherlich nicht lange gedauert hätte, bis ich angefangen hätte, ihn aufzuräumen!). Wenn ich dann spät am Abend endlich ein paar Minuten für Gott frei machen konnte, dachte ich, dass Er darüber verärgert sei, dass ich nicht schon früher zwei volle Stunden mit Ihm verbracht hatte, und meine Gebetszeit bestand mehr oder weniger nur aus Entschuldigungen. Eines Tages unterbrach er mich in meiner Selbstverdammnisrede. „Das ist für dich!", sagte Er. „Hör auf damit, dir einzubilden, ich sei ärgerlich, weil du nicht früher gekommen bist. Ich bin froh, dass wir jetzt zusammen sind. Lass mich dich erfrischen, damit du dich in Zukunft auf unsere gemeinsame Zeit freust." Diese Erfahrung revolutionierte meine Einstellung zum Gebet.

Wenn wir uns mit zeitlichen Dingen auf Kosten der ewigen beschäftigen, werden wir früher oder später frustriert sein. Dafür geben wir dann unseren Mitmenschen die Schuld, obwohl unsere Enttäuschung daher rührt, dass wir selbst keine neue Kraft geschöpft haben. Wir sind deshalb nicht erfrischt, weil wir zu sehr damit beschäftigt sind, uns um alles zu kümmern, damit andere entspannen und auftanken können. Dann aber werden wir wütend auf sie, weil sie sich nicht an unserem hektischen Treiben beteiligen, wenn wir in der Küche immer noch aufgebracht mit Töpfen und Pfannen hantieren. Wir müssen das Geschirr beiseite stellen und uns an Gott und einander erfreuen.

Gott zeigte mir, dass es ebenso erfrischend für mich sein kann, mit meinem Ehemann und meinen Kindern Zeit zu verbringen, wie die Gemeinschaft mit Ihm. Ich hatte mich so sehr in die Rolle der Mutter hineingesteigert, dass keine Zeit mehr füreinander blieb. Ich war zu sehr Ehefrau, um eine Gefährtin sein zu können. Doch ich hatte bei alledem das Gefühl, dass ich meine Liebe ausreichend dadurch bewies, dass ich allen Nöten begegnete.

Wenn John mich fragte, ob ich mit ihm zum Golfspielen gehe, entgegnete ich: „Ich habe keine Zeit für Golf!“ Es irritierte mich, dass er Zeit dafür hatte.

Die Wahrheit war, dass ich Zeit für die Dinge hatte, denen ich Zeit einräumte. Doch für Erholung und Freizeitvergnügen hatte ich gar keine Zeit vorgesehen. Die Sorge um das Wohl meiner Familie trieb mich so an, dass ich dabei ganz vergessen hatte, meinen Mann und meine Kinder zu genießen.

Erinnere dich daran, dass Gott uns für die Gemeinschaft geschaffen hat. Er gab dem Mann die Frau, dass er nicht alleine sei. Er wollte, dass die beiden einander und all das, was Er für sie geschaffen hatte, genießen. Wenn wir das Zusammensein mit Gott durch die Arbeit unserer Hände ersetzen, verlieren wir unsere Kraft.

Dasselbe gilt im Hinblick auf unsere Kinder und Freunde. Wenn wir keine Zeit investieren, um diese Beziehungen zu entwickeln, werden sie nicht wachsen und sich nicht vertiefen können.

Wie können wir verhindern, dass uns unsere Zeit auf diese Weise gestohlen wird? Wie können wir die richtige Perspektive beibehalten? Welche Prioritäten sollten wir setzen? Ich weiß, dass es schon viele gute Bücher darüber gibt, wie man seinen Tag und seine Zeit einteilt und wie man die richtigen Prioritäten setzt. Die einen raten zu folgender Reihenfolge: Gott, Ehemann, Kinder, Beruf, Gemeinde, du selbst. Andere dagegen schlagen vor: Gott, du selbst, Dienst, Ehemann, Kinder, Gemeinde, Beruf, Freunde. Ich werde gar nicht erst versuchen, eine solche Liste aufzustellen, denn ich befürchte, sie würde als Formel missbraucht werden.

Ich glaube nicht, dass es eine Formel oder ein allgemein gültiges Rezept gibt! Wenn dem doch so wäre, weiß ich zumindest nichts davon. Je länger ich mit Gott lebe, desto mehr erkenne ich, dass Formeln, Regeln und Gesetze uns immer unwillkürlich auf religiöse Abwege führen. Stell dir einfach immer die Frage: Was ist mein Beweggrund? Warum tue ich das?

Wofür arbeitest du?

Du wirst deine Prioritäten erst dann richtig setzen können, wenn du sie bewertet und eingeschätzt hast. Mir geht es nicht so sehr um Zeitmanagement, sondern vielmehr um Herzensmanagement.

Das Volk Israel wollte lieber eine Liste mit Regeln und Geboten als eine Beziehung zu seinem Schöpfer. Bis ins kleinste Detail war schriftlich festgehalten, wie es Gott gehorsam sein und heilig bleiben konnte. Doch es klappte nicht.

Jesus fasst es folgendermaßen zusammen:

> *„Du sollst den Herrn, deinen Gott, lieben mit deinem ganzen Herzen und mit deiner ganzen Seele und mit deinem ganzen Verstand … Du sollst deinen Nächsten lieben wie dich selbst."*
>
> Matthäus 22, 37–38

Jesus schaffte eine leblose, starre Struktur ab. Er sagte den Menschen nicht, wie sie Gott und ihren Nächsten lieben sollten, denn Er wusste, dass die entsprechenden Taten folgen würden, wenn ihr Herz rein wäre.

Welche Wertestruktur haben wir? Ist es uns überhaupt zuzutrauen, eine solche zu entwerfen? Nein, denn wir sind von Natur aus geschäftige Wesen, die leicht abzulenken sind – sei es zuhause, in der Gemeinde oder am Arbeitsplatz. Wir sind nicht in der Lage, den Wert dessen, was Gott uns anvertraut hat, richtig einzuschätzen.

Wir leben in einer Welt, deren Maßstäbe relativ sind. Sie treiben auf dem Meer der Ungewissheit umher und sind der ständigen Veränderung unterworfen. Von jeder Welle werden diese Maßstäbe erfasst, hochgewirbelt und dann wieder mit in die Tiefe gezogen. Was gut war, wird schlecht, und was schlecht war, ist nun plötzlich gut. Diese wechselhaften Moralvorstellungen messen den Dingen, die Gott wichtig sind, keinen Wert bei. In unserer Gesellschaft werden Errungenschaften und Aussehen belohnt; Gott dagegen belohnt Treue und Inhalt.

Der Schein trügt

Bedauerlicherweise arbeiten viele Christen unermüdlich, um sich nach außen hin als gefestigte, erfolgreiche Person darstellen zu können. Was zurückbleibt ist ein Gefühl der Leere und Angst. „Image-Pflege" ist ein sehr mühseliges Unterfangen. Sie verwenden all ihre Kraft darauf, sich ständig zu schützen. Die Aufrechterhaltung unseres äußeren Erscheinungsbildes raubt uns die Energie, die wir brauchen, um uns zu verändern.

Äußeres Erscheinungsbild wird folgendermaßen definiert: „Präsentation, Aussehen, Verhalten, Anschein, Auftreten." Im Gegensatz dazu lautet die Definition von *Inhalt*: „Essenz, Wesen, Substanz, Element, Materie." Diese Definition beschreibt das Innenleben oder den wahren Kern einer Sache, einer Person oder eines Gegenstands – nämlich woraus das jeweils Betroffene besteht und nicht, worin es „eingepackt" ist.

Die Wahrheit schämt sich nicht; sie zeigt sich offen und gründet sich auf Prinzipien, die alle Stürme der Zeit überstehen. Ein „Image" dagegen ist hauptsächlich eine äußerlich aufgesetzte Fassade, die ihre Stärke aus der Täuschung zieht. Das äußere Erscheinungsbild wird durch die Zeit bloßgestellt und letztendlich zerstört. Gottes Wege sind höher als unsere Wege. Seine Wahrheit und seine Gesetzmäßigkeiten leben weiter. Die Wahrheit überlebt jede Lüge.

Ich fordere dich heraus, deinen Lebensstil einmal ganz ehrlich unter die Lupe zu nehmen. Bist du so beschäftigt, dass du dich selbst und die Menschen, die du liebst, vernachlässigst? Hast du Selbstverleugnung mit Selbstaufopferung verwechselt? Wofür arbeitest du? Vermitteln dir die kleinen Dinge ein Gefühl der Sicherheit oder hast du dein Augenmerk auf die Ewigkeit gerichtet?

Wenn du eine dieser Fragen mit „ja" beantwortet hast, ist dies kein Grund, dich von Schuldgefühlen übermannen zu lassen. Lass dich stattdessen dazu anregen, dich zu verändern.

Teil III

Endlich frei!

Der Strom Gottes wird uns
auf ungewohnte Weise
an Orte bringen,
an denen wir noch nie gewesen sind.

14

Keinen Boden mehr unter den Füßen

Als ich fünf Jahre alt war, hatte ich vor nichts Angst – schon gar nicht vor Wasser! Meine Eltern konnten mich nur dadurch überzeugen, Schwimmunterricht zu nehmen, dass sie mir verboten, vom 3-Meter-Sprungbrett zu springen, bis ich Schwimmen gelernt hatte. Obwohl ich nicht schwimmen konnte, kletterte ich, mit meinem Schwimmreifen um den Bauch geschnallt, aufs 3 Meter-Sprungbrett und sprang mit den Füßen voran ins Wasser, wann immer der Bademeister gerade nicht aufpasste.

Als ich Schwimmunterricht hatte, erzielte ich so gute Leistungen, dass ich schon bald an den Schwimmwettkämpfen teilnehmen konnte, die das ganze Jahr über stattfanden. Ich begann in der Kategorie „Sechs Jahre und jünger" und schwamm als Leistungsschwimmerin weiter, bis ich auf die Universität ging.

Ich wuchs in Indiana auf und wir machten als Familie jedes Jahr im Frühling Urlaub in Florida. Dort entdeckte ich meine Liebe für das Body-Surfen. Ich verbrachte den ganzen Tag am Strand und je höher die Wellen waren, umso besser gefiel es mir. Ich watete hinaus und begab mich in Position, dann wartete ich den exakten Moment ab, in dem ich mich mit der Wucht der Welle vereinigen konnte. Wenn ich schnell genug schwamm, erwischte ich sie, und sie hob mich hoch und trug mich bis ans Ufer zurück. Dort angekommen landete ich kopfüber im seichten Wasser, während die Welle sich über den Strand ergoss.

Nachdem ich in der aufgewühlten Mischung aus Sand und Wasser wieder auf die Beine gekommen war, rief ich meiner Mutter und jedem, der es hören wollte, zu: „Hast du gesehen, wie weit ich diesmal gekommen bin?"

Dann stapfte ich wieder hinaus, wobei ich mitten durch die ankommenden Wellen hindurchtauchte. Abermals wartete ich, bis ich eine Welle entdeckte, die mich mit sich nahm. Ich hatte keine Angst, weder vor den Wellen noch vor dem Wasser. Es machte mir Spaß, mich den Wellen hinzugeben, den Meeresboden zu berühren und in den Genuss eines Wellenritts zu kommen.

Als ich älter wurde, verlor ich diese Freiheit. Ich wurde mir meiner selbst bewusst. Ich bemerkte plötzlich, dass ich von anderen beobachtet wurde, und ich fragte mich, welchen Eindruck ich wohl auf sie machte. Vielleicht sah ich komisch aus, wenn ich ans Ufer stapfte. Dann war da noch der lästige Sand in meinem Badeanzug und die peinlichen Zwischenfälle, wenn mein Oberteil hochrutschte oder meine Bikinihose auf Kniehöhe hing. Die Angst, wie ich in den Augen all der namenlosen Beobachter am Strand aussehen könnte, verdarb mir den Spaß am Schwimmen.

Ich dachte: Ich bin reif und erwachsen. Der schmutzige Sand und das stürmische Meer passen jetzt nicht mehr zu mir! Das stürmischste, was ich ertragen konnte, war ein Swimmingpool. In einem Pool konnte ich mich erfrischen und konnte gleichzeitig entscheiden, wann, wo, wie tief und wie oft ich hineingehen wollte.

Es dauerte nicht lange, bis ich es schon als lästig empfand, überhaupt erst nass zu werden – Punkt! Meine Frisur und mein Make-up litten darunter. Es war zu kalt! Ich verlor meine Freude am Wasser völlig. Und wenn ich mich doch einmal ins Wasser wagte – es sei denn, es war ein Pool –, war ich ängstlich und wasserscheu.

Es ist nicht mein Element!

Durch das Schwimmen haben wir die einzigartige Gelegenheit, ein Element und eine Umgebung zu entdecken, in der wir normalerweise nicht leben. Wir können auf diese Weise spielerisch mit einer Masse umgehen, deren Kraft uns unter Umständen töten könnte. Mit Wasser muss man respektvoll umgehen. Es hält sich nicht an unsere Spielregeln; wir müssen uns an seine Regeln halten. Wir können zwar nicht ohne Wasser leben, aber wir können auch nicht im Wasser leben.

Manch einer wird jetzt vielleicht sagen: „Ich mag Schwimmen nicht." Doch was genau gefällt dir nicht am Schwimmen?

Ist es die Temperatur? Bekommst du es mit der Angst zu tun, wenn du den Boden nicht berühren oder sehen kannst? Hast du Angst vor dem, was sich unter dir im Wasser befinden könnte? Fürchtest du dich mehr vor ruhigem, tiefem Wasser oder vor seichtem, aufgewühltem Wasser? Ist es die Tiefe oder sind es die Wellen? Magst du es nicht, weil du unter Wasser nicht atmen kannst? Fühlst du dich unwohl in einem Badeanzug? Vielleicht kannst du gar nicht schwimmen.

Ich hatte beschlossen, dass ich genug geschwommen war. Nun waren meine Kinder diejenigen, die es genießen konnten, während ich ihnen vom Strand aus zusah. Doch der Heilige Geist erinnerte mich flüsternd an etwas:

„Du schwimmst für dein Leben gern."

„Nein, tu ich nicht!", erwiderte ich.

„Schwimmen ist deine große Leidenschaft. Du liebst die Seite im Schwimmbecken mit dem tiefen Wasser."

„Nicht mehr", entgegnete ich.

Wie du siehst, ging es inzwischen nicht mehr nur darum, dass das Schwimmen unangenehme oder entwürdigende Begleiterscheinungen hatte. Ich hatte schlicht und einfach Angst bekommen – nicht nur vor dem Wasser an sich, sondern vor allem, das Macht oder Kraft hatte, mir den Boden unter den Füßen zu rauben und über mich hinwegzurauschen.

Ich war dabei, mich zu verändern. Ich wollte mich absichern und wissen, was mich in der Zukunft erwartete. Ich wollte vorausplanen. Ich wollte keine Überraschungen mehr. Ich war jetzt reifer. Ich kannte meine Grenzen und hatte gewisse Vorstellungen, was die Bequemlichkeiten eines modernen Lebensstils betraf, und davon wollte ich nicht abweichen. Um diesen Zustand aufrechtzuerhalten, hatte ich mich zurückgezogen und wollte mich schützen. Wenn ich mich zu weit vorwagte, würde ich mich womöglich in einen Bereich hineinbewegen, der unsicher war und den ich nicht abschätzen konnte. Deshalb ging ich lieber unentschlossen am Strand auf und ab und riskierte höchstens einen Blick aufs Wasser.

Es ist Zeit, schwimmen zu gehen!

Doch auch der Strand hatte seine Tücken, die mich ängstigten: die Angst zu versagen; die Angst, einen Fehler zu machen; die Angst, am Strand zurückzubleiben; die Angst, den Strand zu verlassen. Angst, Angst, Angst – sie schien mich mehr als irgendetwas anderes in meinem Leben zu lähmen.

Die Grenzen, die ich mir selbst gesetzt hatte, um mich zu schützen, fingen an, mich zu stören. Ich wurde unruhig, und das zu einem Zeitpunkt, als ich beim Lesen von Jesaja 52, 1–2 freigesetzt wurde. Gott erweckte in mir eine Lust auf Abenteuer. Ich hatte den Eindruck, Er wolle mich von jeder Gebundenheit befreien, damit ich Ihm die völlige Kontrolle geben könne. Erst als Er mich aufforderte, in Wasser zu springen, in dem ich nicht mehr stehen konnte, legte ich meine Fesseln der Gebundenheit ab.

Zum ersten Mal erkannte ich, dass Angst in meinen Gedanken herumspukte. Ich dachte: „Wo ist denn das hergekommen?" Ich wusste, dass es sehr wichtig war, sich der Angst zu widersetzen, um frei zu bleiben, doch ich war mir nicht sicher, ob ich das bisschen Kontrolle über mein Leben, das ich zu dieser Zeit auskostete, aufgeben wollte. Dann zeigte Gott mir seinen Fluss, wobei Er mich anspornte und mir die ermutigenden Worte zuflüsterte: „Du schwimmst für dein Leben gern – weißt du noch?"

Gottes Fluss

Ich fand diesen Fluss im Buch Hesekiel. Er ist der Fluss, der unter der Schwelle von Gottes Tempel und aus dem Heiligtum seines Fürsten hervorströmt (Hes. 47, 1–2).

In einer Vision wurde Hesekiel aus dem Exil zurück nach Jerusalem gebracht. Er stand im Tempel, wo ihm über den Dienst im Tempel und die Anbetung genaue Einzelheiten mitgeteilt und Anweisungen gegeben wurden. Begleitet wurde er von einem Mann, „dessen Aussehen wie das Aussehen von Bronze war; und in seiner Hand war eine leinene Schnur und eine Messrute; und er stand im Tor“ (Hes. 40, 3).

Sie nahmen alle Maße und schrieben die Ordnung für die Anbetung genauestens auf. Dieser Mann zeigte Hesekiel an dem Tor, das in östliche Richtung wies, die Herrlichkeit des Herrn. Dann wurde er vom Geist emporgehoben und in den inneren Vorhof gebracht, wo er miterlebte, wie die Herrlichkeit des Herrn das Haus erfüllte.

In Kapitel 47 lesen wir dann, dass Hesekiel wieder zurück zum Eingang des Hauses und zu einem Fluss geführt wurde, der unter der Schwelle hervorströmte, südlich vom Altar. Hier handelte es sich nicht um einen natürlichen Fluss; es war der Strom der Herrlichkeit Gottes, der von seinem Thron ausging.

Der bronzene Mann brachte Hesekiel ans Ufer des göttlichen Stroms und maß Abstände von tausend Ellen ab. Dann führte er Hesekiel Abschnitt für Abschnitt tiefer ins Wasser hinein, damit er sich immer weiter vom Ufer entfernen und sich an die Tiefe des Wassers gewöhnen konnte.

> *Und als der Mann gegen Osten hinausging, die Messschnur in seiner Hand, da maß er tausend Ellen und ließ mich durch das Wasser gehen: Wasser bis an die Knöchel.*
>
> Hesekiel 47, 3

Nach den ersten tausend Ellen war das Wasser erst knöcheltief. In seichten Gewässern wie diesen kannst du dich mühelos bewegen. Du kannst auf den Grund sehen und weißt, ob sich Sand oder Gestein unter deinen Füßen befindet. Der Boden trägt dich. Du bist zwar schon im Wasser, stehst aber immer noch auf festem Boden. Durch knöcheltiefes Wasser kannst du sogar durchrennen, denn der Wasserwiderstand ist bei dieser Tiefe nur sehr gering. Das kühle Wasser ist erfrischend und du kannst jederzeit umkehren und ans Ufer zurückgehen.

> *Und er maß tausend Ellen und ließ mich durch das Wasser gehen: Wasser bis an die Knie.*
>
> Hesekiel 47, 4

Knietiefes Wasser dagegen wird deine Bewegungen schon ein wenig verlangsamen. Wegen der Strömung wirst du Schwierigkeiten haben, den Fluss geradlinig zu durchqueren, es sei denn, du hast einen Fixpunkt am Ufer, an dem du dich orientieren kannst.

Wenn du deine Position nicht an diesem Orientierungspunkt festmachst, wirst du feststellen, dass die Strömung dich mit sich gezogen hat. Knietiefes Wasser hat größere Auswirkungen auf dich als Wasser, das dir nur bis zu den Knöcheln geht. Wenn du dich darin zu schnell bewegst, wirst du den Halt verlieren und ein Vollbad nehmen. Doch bei dieser Wassertiefe ist es kein Problem, wieder auf die Beine zu kommen, umzudrehen und dich wieder ans Ufer zu begeben.

> *Und er maß tausend Ellen und ließ mich hindurchgehen: Wasser bis an die Hüften.*
>
> Hesekiel 47, 4

Hüfthohes Wasser ist etwas anderes. Nun bist du zur Hälfte im Wasser und zur Hälfte draußen. Es ist sehr viel anstrengender, dich im Wasser fortzubewegen. Höchstwahrscheinlich kannst du inzwischen auch nicht mehr auf den Grund sehen. Du weißt nur, dass er da ist, weil du ihn unter deinen Füßen spürst. Etwas zu fühlen, das man nicht sehen kann, ist nicht so angenehm, wie etwas zu sehen, das man nicht fühlen kann. Die Wassermasse hat jetzt einen großen Einfluss auf dein Vorankommen und deine Richtung. In Wasser, das bis zur Hüfte reicht, ist es einfacher, zu schwimmen als zu gehen, doch weil der Grund nicht mehr sichtbar ist, ist es schwierig, sich davon zu lösen.

> *Und er maß tausend Ellen: ein Fluss, den ich nicht durchschreiten konnte, denn die Wasser waren tief, Wasser zum Schwimmen, ein Fluss, der nicht mehr durchschritten werden kann. Und er sprach zu mir: Hast du gesehen, Menschensohn?*
>
> Hesekiel 47, 5–6

Nun war Hesekiel in tiefem Wasser, sodass er nicht mehr stehen konnte. Er konnte nun den Grund weder sehen noch berühren. Er stand nicht mehr auf dem sicheren Flussbett; nun wurde er vom Fluss selbst getragen. Er war ihm völlig ausgeliefert. Hesekiel war vollständig von einem Element umgeben, in dem er weder gehen noch atmen konnte. Er wurde von der schnell fließenden, starken Strömung mitgerissen. Der Fluss bestimmte das Vorwärtskommen. Geschwindigkeit und Richtung hingen von der Strömung ab.

Auf einen Fluss dieser Größenordnung haben wir keinen Einfluss, doch er hat mit Sicherheit eine Auswirkung auf dich. Hesekiel beschrieb ihn als einen Fluss, der tief genug war, um darin zu schwimmen, der aber nicht durchschritten werden konnte. Wenn man gegen die Strömung ankämpfte, war man bestenfalls erschöpft. Man konnte aber auch ertrinken. Das Klügste wäre, sich dem Fluss „auszuliefern" und sich mit ihm treiben zu lassen.

Der Fluss Gottes wird dich umgeben, an der Oberfläche halten, tragen, fortbewegen, erfrischen und zu gewissen Zeiten überwältigen. Überall, wohin dieser Fluss fließt, entsteht Leben.

> *Und es wird geschehen, jedes Lebewesen, das da wimmelt – überall wohin der Fluss kommt –, wird leben. Und es wird sehr viele Fische geben. Wenn dieses Wasser dorthin kommt, dann wird das Salzwasser gesund werden, und alles wird leben, wohin der Fluss kommt … An dem Fluss aber, an seinem Ufer, werden auf dieser und auf jener Seite allerlei Bäume wachsen, von denen man isst, deren Blätter nicht welken und deren Früchte nicht ausgehen werden. Monat für Monat werden sie frische Früchte tragen, denn sein Wasser fließt aus dem Heiligtum hervor; und ihre Früchte werden als Speise dienen und ihre Blätter als Heilmittel.*
>
> Hesekiel 47, 9 und 12

Es ist ein Fluss, in dem das Leben pulsiert und der überall, wohin er fließt, Leben bringt. Doch wir dürfen ihm nicht in die Quere kommen. Wenn der Strom des göttlichen Geistes fließt, können wir Ihn nicht aufhalten. Gott wollte sicherstellen, dass Hesekiel die Kraft und die Pracht dieses Flusses deutlich wahrnahm.

Komm dem Heiligen Geist nicht in die Quere!

Inwiefern können wir etwas in die Quere kommen? Indem wir uns dem Wirken des göttlichen Geistes widersetzen, ihm widersprechen, es zunichte machen oder uns spöttisch darüber äußern. Wir stellen uns dem Geist Gottes auch dann in den Weg, wenn wir das, was Er tut, mit etwas vermengen, das nicht von Ihm kommt. Das kann beispielsweise bedeuten, dass wir versuchen, der Ehre Gottes menschliche Ehre zuzufügen. Damit kann auch gemeint sein, dass wir aus dem Wirken Gottes Gewinn schlagen. Es könnte auch Eifer ohne Erkenntnis dahinterstecken.

Schau dir an, wie Jesus Paulus konfrontierte, als dieser der Urgemeinde in die Quere gekommen war, indem er sie verfolgte.

> *... und er fiel auf die Erde und hörte eine Stimme, die zu ihm sprach: Saul, Saul, was verfolgst du mich? Er aber sprach: Wer bist du, Herr? Er aber sagte: Ich bin Jesus, den du verfolgst.*
>
> Apostelgeschichte 9, 4-5

Jesus sagte nicht: „Saulus, hör auf, meiner Gemeinde zu schaden!" Er beschuldigte Saulus, Ihn persönlich verfolgt zu haben. Und dies brachte Jesus nicht nur einmal, sondern zweimal zum Ausdruck. Ich bin mir sicher, dass Saulus (Paulus) überrascht war. Er hatte gedacht, er habe im Sinne eines göttlichen Auftrags gehandelt. Er kannte die Namen derer, die er ins Gefängnis gebracht oder getötet hatte, doch wer war das jetzt?

Auch Petrus hatte erkannt, dass man dem Heiligen Geist nicht ins Werk pfuschen durfte. Er hatte kurz zuvor den Heiden gepredigt und sie waren alle auf wunderbare Weise mit dem Heiligen Geist getauft worden. Als Petrus nach Jerusalem zurückgekehrt war, wurde er dort von den kirchlichen Leitern zurechtgewiesen, weil er den Heiden gedient hatte. Daraufhin erklärte ihnen Petrus, was geschehen war:

> *Während ich aber zu reden begann, fiel der Heilige Geist auf sie, so wie auch auf uns im Anfang. Ich gedachte aber an das Wort des Herrn, wie er sagte: Johannes taufte zwar mit Wasser, ihr aber werdet mit Heiligem Geist getauft werden. Wenn nun Gott ihnen die gleiche Gabe gegeben hat wie auch uns, die wir an den Herrn Jesus Christus geglaubt haben, wer war ich, dass ich hätte Gott wehren können? Als sie aber dies gehört hatten,*

beruhigten sie sich und verherrlichten Gott und sagten: Dann hat Gott also auch den Nationen die Buße gegeben zum Leben.

Apostelgeschichte 11, 15–18

Petrus war klug genug, gar nicht erst zu versuchen, Gottes Werk zu kontrollieren. Er wusste, dass er Gott nicht in die Quere kommen durfte. Eine heilige Ehrfurcht umgab alles, was der Geist wirkte. Obwohl es den jüdischen Gesetzen und Traditionen widersprach, öffneten sich die Leiter dafür.

Der Strom Gottes wird unabhängig davon fließen, ob Menschen damit einverstanden sind oder nicht. Er wird nicht von Menschen gespeist, denn er entspringt direkt an der Schwelle von Gottes Thron. Auch kann seine Richtung nicht von Menschen geändert werden. Der Lauf des Flusses wird vom Geist bestimmt, nicht von unseren Tagesordnungen. Er wird uns auf ungewohnte Weise an Orte bringen, an denen wir noch nie gewesen sind.

Hast du bemerkt, dass das Eintreten in den Fluss in Etappen erfolgt ist? Das Wasser ist nicht sofort so tief, dass du nicht mehr darin stehen kannst. Es reicht dir zunächst bis zu den Knöcheln, dann bis zu den Knien und schließlich bis zur Hüfte. So können wir uns an die Temperatur und an die Strömung gewöhnen. Dann verlieren wir plötzlich den Boden unter den Füßen und können nur noch schwimmen. Das ist der Augenblick, in dem wir jegliche Kontrolle aufgeben und uns der Strömung hingeben müssen. Jetzt müssen wir loslassen und Gott erlauben, sich um unsere Sicherheit zu kümmern und den Lauf unseres Schicksals zu bestimmen.

Geistliche Aussteiger

In der geistlichen Welt tummeln sich scharenweise unentschlossene Menschen am Strand der Entscheidung. Sollen sie ins Wasser waten und einen Versuch wagen? Sollen sie bis zur Hüfte hineingehen oder kopfüber hineinspringen und sich völlig dem Fluss überlassen?

Vielleicht sehnst du dich von ganzem Herzen danach, in die Strömung des Flusses zu springen. Wenn du könntest, würdest du in Sekundenschnelle kopfüber eintauchen, aber irgendetwas hält dich zurück.

Verstrickungen halten dich zurück. Menschen, die noch am Strand stehen, flehen dich an: „Geh nicht weiter. Ich brauche dich! Lass mich nicht allein zurück! Bleib noch ein bisschen hier!“ In deinem Herzen zieht es dich ins Wasser, doch du fühlst dich gezwungen, mit den anderen am Strand zu bleiben.

Ich weiß, es klingt hart, aber du musst ihre Bitten abschlagen und dich ins Wasser stürzen. Nur dann wirst du eines Tages in der Lage sein, ihnen wirklich zu helfen! Meistens gehören diese Stimmen unseren Familienangehörigen. Jesus hat uns gesagt, dass wir eines Tages mit einer solchen Trennung konfrontiert werden würden:

> *Wenn jemand zu mir kommt und hasst nicht seinen Vater und seine Mutter und seine Frau und seine Kinder und seine Brüder und Schwestern, dazu aber auch sein eigenes Leben, so kann er nicht mein Jünger sein.*
>
> Lukas 14, 26

In der „Amplified Bible“ (Erweiterte Übersetzung der Bibel) wird der Begriff „hassen“ als „ein Gefühl der Gleichgültigkeit oder der verhältnismäßigen Geringschätzung ihnen [der Familie] im Vergleich zu unserer Einstellung Gott gegenüber“ beschrieben. Jesus deckt jede Fessel auf, die uns an etwas anderes bindet als an Ihn.

Durch das Schwert getrennt

Auch in meinen Leben gab es diese Stimmen, die mir vom Ufer aus zugerufen haben. Einer von ihnen fühlte ich mich besonders verpflichtet; ihr schenkte ich am meisten Gehör. Ich fühlte mich auf eine Weise für diesen geliebten Menschen verantwortlich, die ungesund war.

Wenn diese Person unglücklich war, während es mir gut ging, hatte ich Schuldgefühle. Wenn sie ein Problem hatte, wurde es mein Problem. Ich versuchte, zwischen dieser Person und dem Rest der Familie zu vermitteln. Die Bewältigung der Probleme dieser Person belastete mich zunehmend. Wenn meine Lösungsversuche scheiterten, fühlte ich mich dafür verantwortlich. Ich war so sehr darin verstrickt, dass die Launen der besagten Person sich auf mein Leben und meine Ehe negativ auswirkten. Niemand, nicht einmal mein eigener Ehemann, hatte einen solchen Einfluss auf mich.

Jahrelang kämpfte ich mit dieser Beziehung. Ich wusste, dass sie ungesund war, doch irgendwie schaffte ich es nicht, sie abzubrechen. Ich wollte dieser Person Liebe und Respekt entgegenbringen, doch wegen des Drucks, der auf mir lastete, war dies sehr schwierig. Schließlich vertraute ich mich einem Freund an, der mich auf folgende Aussage hinwies, die Jesus gemacht hat:

> *Meint nicht, dass ich gekommen sei, Frieden auf die Erde zu bringen; ich bin nicht gekommen, Frieden zu bringen, sondern das Schwert. Denn ich bin gekommen, den Menschen zu entzweien mit seinem Vater und die Tochter mit ihrer Mutter und die Schwiegertochter mit ihrer Schwiegermutter.*
>
> Matthäus 10, 34–35

Diese Schriftstelle erschien mir zu hart. Die betreffende Person war schließlich Christ. Warum sollten wir also „entzweit" werden? Ich wollte mich nicht von ihr distanzieren. Alles, was ich wollte, war, dass wir eine gesunde Beziehung haben konnten.

Ich las diese Stelle noch einmal und dieses Mal sah ich einen Engel vor meinem geistigen Auge. In seiner Hand hielt er ein nach oben gerichtetes Schwert aus Licht. Ich hörte den Herrn sagen: „Erlaube Mir, mein Schwert durch euch beide zu ziehen."

Ich konnte sehen, dass der Engel auf meine Erlaubnis wartete. Er würde nichts tun, bevor ich ihm die Anweisung dazu erteilte. Der Herr fuhr fort: „Lisa, in deinen Augen ist das Schwert ein Werkzeug der Zerstörung. Mein Schwert aber hat zwei Schneiden. Die eine trennt und die andere heilt." Dann erinnerte Er mich an den mir bereits vertrauten Vers:

> *Denn das Wort Gottes ist lebendig und wirksam und schärfer als jedes zweischneidige Schwert und durchdringend bis zur Scheidung von Seele und Geist, sowohl*

der Gelenke als auch des Markes, und ein Richter der Gedanken und Gesinnungen des Herzens.

Hebräer 4, 12

Ich dachte eingehender über diese Beziehung nach und ich erkannte, dass ich ein tief verwurzeltes Verlangen hatte, von dieser Person Anerkennung zu bekommen. Ich hatte dieser Beziehung einen unangemessenen Stellenwert eingeräumt und hatte versucht, Nöten zu begegnen, denen nur Jesus begegnen konnte. War es da verwunderlich, dass ich frustriert war?

Ich wusste, dass Jesus mich um Erlaubnis bat, das tun zu dürfen, was ich nicht tun konnte.

Er wollte nicht jede Fessel, die uns aneinander band, identifizieren und beim Namen nennen. Er wollte sie durchschneiden! Mein Verhalten hatte uns beide gebunden. Als ich dies erkannte, schloss ich meine Augen und bat Gott, uns durch seinen Geist loszuschneiden. Ich konnte beobachten, wie das leuchtende Schwert in Sekundenschnelle zwischen uns hindurchging.

Sofort stellte sich bei mir das Gefühl ein, dass ich dieser Person nichts schuldig war, außer sie zu lieben. Manche Aspekte veränderten sich nicht über Nacht, doch sie veränderten sich. Heute ist diese Beziehung gesund und rein.

Viele unter uns müssen dem Wort Gottes erlauben, uns von den Verstrickungen abzuschneiden, die uns zurückhalten. Gehorche dem Herrn und reagiere auf den Impuls des Heiligen Geistes, die Kontrolle abzugeben.

Übergib deinen Ehemann, deine Familienangehörigen und Freunde, deine Sorgen und Ängste und vor allen Dingen dich selbst seiner Fürsorge! Dann wirst du eine Freiheit erleben, die du bisher noch nicht gekannt hast – und das einfach nur dadurch, dass du loslässt.

Wenn du dazu bereit bist, dann sprich dieses Gebet:

Vater, ich komme zu Dir und bitte Dich um Vergebung, dass ich erlaubt habe, dass andere mich zurückhalten. Vergib mir, dass ich versucht habe, einen Platz in ihrem Leben einzu-

nehmen, den nur Du einnehmen kannst. Herr, ziehe Dein Schwert zwischen ______________ und mir hindurch. Lass nichts außer Dir zwischen uns stehen. Ich vertraue diese Person Deiner Fürsorge an und übergebe mich Deinem Strom und Deiner Führung für mein Leben. Erfülle mich überfließend mit Deinem Geist und wasche mich in Deiner Flut.

Lass dich vom Strom Gottes umspülen und mitreißen! Dieser Fluss wird all denen, die du liebst, Leben bringen. Wie kannst du andere erfrischen, wenn du selbst ausgelaugt bist? Also wate ins Wasser und spring kopfüber hinein!

Nachwort

Aber euch, die ihr meinen Namen fürchtet, wird die Sonne der Gerechtigkeit aufgehen, und Heilung ist unter ihren Flügeln. Und ihr werdet hinausgehen und umherspringen wie Mastkälber.

Maleachi 3, 20

Hast du schon einmal ein Kalb beobachtet, das aus dem Stall herausgelassen wird? Sobald die Tür geöffnet worden ist, hüpft es in Bocksprüngen hinaus, reckt und streckt sich, springt umher und schlägt dabei mit den Beinen aus. Und während man ihm zusieht, fragt man sich, wie es überhaupt möglich war, es in einem Stall gefangen zu halten!

Gott gebrauchte diesen Vergleich, um die Freilassung seines eigenen Volkes zu beschreiben – die Befreiung derer, die seinen Namen respektieren und ehren. Auch sie waren eingesperrt. Doch Er möchte, dass sie freigelassen werden, um sich auf saftigen Weiden zu stärken und im Gras herumzutoben.

Beachte, dass Er sie vor ihrer Entlassung in die Freiheit erst einmal heilt. Seine Sonne der Gerechtigkeit geht auf und bringt Heilung mit sich. Die Sonne ist ein Feuerball, deren alles verzehrendes Feuer nie verlöscht. Wir können mit Sicherheit davon ausgehen, dass Gott von Feuer redet, denn in Maleachi 3, 19 heißt es:

Denn siehe, der Tag kommt, der wie ein Ofen brennt. Da werden alle Frechen und alle, die gottlos handeln, Strohstoppeln sein. Und der kommende Tag wird sie verbrennen, spricht der Herr der Heerscharen, so dass er ihnen weder Wurzel noch Zweige übriglässt.

Hier wird das reinigende Feuer beschrieben, das im Zuge des göttlichen Gerichts alle stolzen und bösen Menschen verbrennen wird. Es wird sie vollständig verbrennen, sodass nichts von ihnen Gläubigen, die Gott lieben und ehren, reinigen und heilen. Das Wort Gottes gibt uns Licht und Leben, doch dasselbe Wort richtet die Welt der Ungläubigen.

Nachdem Gott uns geheilt und freigesetzt hat, werden wir „die Gottlosen zertreten. Denn sie werden Staub sein unter unseren Fußsohlen an dem Tag“, den der Herr machen wird (siehe Mal. 3, 21). Bist du bereit für die Freiheit?

Ich habe dieses Buch in aller Offenheit geschrieben in der Hoffnung, dass du dich in mir wiedererkennen kannst. Es ist mein Gebet, dass du aufgrund meines ehrlichen Berichts über die Zwänge, unter denen ich gelitten habe, den Befreiungsprozess erkennst, den Christus in Gang gesetzt hat. Was ich für dich geschrieben habe, kommt von Herzen.

Etwas Höheres wartet auf dich – eine Freiheit, die du bisher noch nie erlebt hast. Sie ist kostenlos, doch du musst darum kämpfen, sie zu behalten. Gleichzeitig musst du anerkennen, dass Gott der einzige Richter über deine Mitmenschen ist. Das Einzige, was du tun musst, ist, dich dem göttlichen Reinigungs- und Heilungsprozess hinzugeben.

Ich bin davon überzeugt, dass die Wahrheiten, die in diesem Buch enthalten sind, ein Teil dieser Entwicklung sind. Du wirst die Wahrheit erkennen und sie wird dich freisetzen. Die Wahrheit wird dich von jeder Gebundenheit befreien.

Nun ist es an der Zeit, jedes Joch der Gebundenheit und jede Last, die der Feind uns auferlegt hat, abzuwerfen und unter unseren Füßen zu zertreten. Reiß das Joch der Kontrolle von dir! Gib alles in Gottes Obhut. Lass alles los!

Ich bitte dich jetzt, dir jede Last, die dich niederdrückt, oder jedes Hindernis, das dich zurückhält, bildlich in Form eines Jochs vorzustellen. Hebe es von deinen Schultern und wirf es vor deine Füße. Schreibe alles, was dir Sorgen bereitet, auf ein Stück Papier und lege es auf den Boden. Nun bete Folgendes:

> *Kontrolle und Angst, ich spreche im Namen Jesu zu euch. Ich weigere mich, mich von euch binden zu lassen oder euer Sklave zu sein. Ich weise eure Bedrückung ab. Ich werde mir kein religiöses Joch auferlegen lassen und ich werde mich nicht vor Menschen fürchten. Das einzige Joch, das ich auf*

mich nehmen werde, ist das meines Meisters, Jesus Christus. Ich höre damit auf, über mein Leben, meine Familie, meine Freunde, meine Finanzen, meine Sicherheit und meine Stellung zu bestimmen. Ich zertrete jegliche Kontrolle mit meinen Füßen und bringe dadurch zum Ausdruck, dass das Feuer Gottes diese Einflüsse in meinem Leben verbrannt hat.

Dank sei Gott, der uns den Sieg gibt!

Anhang

Sprüche zum Thema Klatsch:

Wer weisen Herzens ist, wird ein Verständiger genannt; und Anmut der Sprache fördert das Lehren.

Sprüche 16, 21

Mit dem Mund richtet der Ruchlose seinen Nächsten zugrunde, aber durch Erkenntnis werden die Gerechten befreit.

Sprüche 11, 9

Die Worte der Gottlosen sind ein Lauern auf Blut; aber der Mund der Aufrichtigen rettet sie.

Sprüche 12, 6

Das Herz des Verständigen sucht Erkenntnis, aber der Mund der Toren weidet sich an Narrheit.

Sprüche 15, 14

Das Herz des Gerechten überlegt, was zu antworten ist; aber der Mund der Gottlosen lässt Bosheiten sprudeln.

Sprüche 15, 28

Das Herz des Weisen gibt seinem Mund Einsicht und fördert auf seinen Lippen das Lehren. Freundliche Worte sind Honig, Süßes für die Seele und Heilung für das Gebein.

Sprüche 16, 23–24

Die Einsicht eines Menschen macht ihn langmütig, und sein Ruhm ist es, an der Übertretung vorüberzugehen.

Sprüche 19, 11

Ehre ist es dem Mann, vom Streit abzulassen, jeder Narr aber fängt Streit an.

Sprüche 20, 3

Wo das Holz zu Ende geht, erlischt das Feuer; und wo kein Ohrenbläser ist, kommt der Zank zur Ruhe.

Sprüche 26, 20

Wer seine Verbrechen zudeckt, wird keinen Erfolg haben; wer sie aber bekennt und lässt, wird Erbarmen finden.

Sprüche 28, 13

Über die Autorin

Lisa Bevere, die mit dem bekannten Autor und Sprecher John Bevere verheiratet ist, hat in den vergangenen zehn Jahren sowohl auf nationalen als auch auf internationalen Konferenzen und Freizeitseminaren gesprochen. Lisa dient häufig gemeinsam mit ihrem Mann und verwaltet seinen Dienst *John Bevere Ministries.* Außerdem hat sie als Fernsehproduzentin und Maskenbildnerin für namhafte christliche Leiter gearbeitet.

Als Mutter von vier energiegeladenen Söhnen widmet sie einen Großteil ihrer Zeit und Kraft ihrer Familie. Ihr erstes Buch *Außer Kontrolle und begeistert darüber!* wurde gewissermaßen im Schmelzofen der Familie und des Dienstes gebrannt und hat durch die Offenheit und das Einfühlungsvermögen der Schreiberin das Herz vieler Frauen erreicht.

Um die Autorin zu kontaktieren, schreibe (auf Englisch) an:

JOHN BEVERE MINISTRIES
P.O. Box 888
Palmer Lake, CO 80133, USA
719 487 3000
www.johnbevere.org

Ärgere dich, aber sündige nicht
Erhalte deine Leidenschaft, ohne deine Ruhe zu verlieren
Lisa Bevere
129439 221 Seiten

Konflikte sind unvermeidlich, deshalb muss jeder von uns lernen, sie erfolgreich zu bewältigen. Doch was, wenn wir uns durch unseren Ärger nicht mehr im Griff haben? Du hast Leidenschaft, verlierst aber die Fassung. Oder vielleicht noch schlimmer: Du bist deprimiert und erschöpft aufgrund von Angst, weil du die zerstörerische Kraft der Wut auf dich selbst gerichtet hast. Dieses Buch führt durch Schriftstellen, Gebete und persönliche Einsichten. Es enthält einen Drei-Wochen-Plan, um dir zu helfen, deinen destruktiven Ärger in konstruktiven Ärger zu verwandeln, und es zeigt dir, wie du die gesunde Leidenschaft wiedererlangst, die Gott für dich vorgesehen hat.

Die wahre Größe einer Frau
In dir steckt mehr, als du siehst
Lisa Bevere
129411 216 Seiten

Einer Frau ist es oft sehr wichtig, welche Konfektionsgröße und welches Körpergewicht sie hat. Sie misst ihren „Wert" oftmals an einem Standard, der von anderen aufgestellt wird.
In ihrer offenen und direkten, aber doch einfühlsamen Art deckt Lisa Bevere die subtilen Einflüsse und offensichtlichen Lügen auf, die viele Frauen gefangen halten. Mit der Augen öffnenden Wahrheit des Wortes Gottes entlarvt sie diese Lügen und hilft dir, deinen wahren Wert in Christus zu entdecken. Erst dann kannst du dich so sehen, wie Gott dich sieht, und du wirst aufhören, dich mit anderen zu vergleichen.

Ein Herz in Flammen
Entzünde eine Leidenschaft für Gott
John Bevere
129443 185 Seiten

Jesus akzeptierte nie Lauheit. Vielmehr rief Er zu leidenschaftlicher Nachfolge auf. Doch woher kommt das Feuer, um unsere Beziehung zu Gott anzuheizen? Er verlangt nie etwas von uns, wozu Er uns nicht auch befähigt. Wenn du den Eindruck hast, dass eine leidenschaftliche Beziehung zu Gott etwas Unerreichbares ist, wird dich dieses Buch eines Besseren belehren.

Ganz gleich wo du in deiner Beziehung mit Gott stehst, wenn du dir die Botschaft dieses Buches zu Herzen nimmst, wird dein Leben grundlegend verändert. Das Buch ist eine Pflichtlektüre für alle, die sich nach einer stärkeren Beziehung zu Gott sehnen.

Unter Gottes Schutz
John Bevere
129438 **296 Seiten**

Unter dem Schatten des Allmächtigen gibt es einen sicheren Ort der Freiheit, Versorgung und des Schutzes. Leider gibt es zahlreiche Gläubige, die sich an diesem verborgenen Ort nicht erfreuen können, weil sie an einem Ort nach Freiheit und Sicherheit suchen, wo nur das Gegenteil existiert. Sie unterliegen der Täuschung, dass sie in echter und dauerhafter Freiheit leben könnten, ohne sich göttlicher Autorität unterzuordnen.

Verschließ dem Feind die Tür
John Bevere
129431 199 Seiten

Möchtest du dem Teufel den legalen Zugang zu deinem Leben verwehren? Gottes Gesetz beschränkt den Teufel auf das Reich der Finsternis. Wir Christen wurden aus dem Herrschaftsbereich des Teufels der Finsternis in Gottes Reich des Lichts versetzt. Warum sind dann dennoch so viele Christen dem Zugriff des Teufels so hilflos ausgeliefert?

Dieses Buch vermittelt dir die nötige Erkenntnis, die du brauchst, um Täuschung zu vermeiden. Du kannst jetzt dem Feind die Tür zuschlagen und sie ein für allemal verschließen!

Gibt es eine offene Tür in deinem Leben, von der du gar nichts weißt?

Lass dich nicht einschüchtern
Überwinde Angst und setze die Gaben Gottes in deinem Leben frei
John Bevere
129429 209 Seiten

- Fällt es dir schwer, nein zu sagen?
- Hast du Angst vor Auseinandersetzungen?
- Schließt du Kompromisse, um Konflikte zu vermeiden?
- Triffst du Entscheidungen danach, ob du anderen gefällst?

Falls du auch nur auf eine dieser Fragen mit ja geantwortet hast, dann ist dies ein Buch für dich. Es zeigt auf, was Einschüchterung ist, gibt Hilfestellung, um von ihrer Umklammerung loszukommen und zeigt dir, wie du Gottes Gaben freisetzt. Es ist höchste Zeit, aus der Falle der Einschüchterung herauszukommen und ihre Auswirkung wie Depression, Hoffnungslosigkeit und Verwirrung zu überwinden. Lass es nicht länger zu, dass Angst dich zurückhält.

Der Köder des Feindes
Deine Reaktion bestimmt deine Zukunft
John Bevere
129415 235 Seiten

- Musst du immer deine Version der Geschichte erzählen?
- Bist du leicht misstrauisch und neigst zu Unterstellungen?
- Drehen sich deine Gedanken ständig um alte Verletzungen?
- Hast du resigniert, weil dir jemand etwas angetan hat?

Dieses Buch deckt eine der heimtückischsten Fallen auf, mit deren Hilfe Satan versucht, dich von Gottes Willen abzubringen: Ärgernisse und Kränkungen.

Handbuch zum Selbststudium zu *Der Köder des Feindes*
John Bevere
129432 118 Seiten

Die Furcht des Herrn
Entdecke, wie du ein enger Freund Gottes werden kannst
John Bevere
129414 198 Seiten

Mehr als je zuvor fehlt uns heutzutage in unserem Gebet, in den Gemeinden und im persönlichen Leben etwas Wesentliches – etwas, das Intimität mit Gott aufbaut, das unser Leben real und rein und uns wahrhaftig zu Kindern Gottes macht, die vom Heiligen Geist geleitet sind. Dieses „Etwas" ist die Furcht des Herrn! Der Autor zeigt, wie wichtig es für uns ist, Gott zu fürchten. In seiner liebevollen und doch sehr konfrontierenden Art fordert John Bevere uns heraus, Gott täglich die Ihm gebührende Ehrfurcht in unserem Leben und unserer Anbetung zu erweisen. Dieses Buch wird dein Leben und deine Beziehung zu Gott revolutionieren!

Adullam Verlag
St.-Ulrich-Pl. 8
85630 Grasbrunn
Tel. 089 468801
Fax: 089 46201790
www.adullam.de
info@adullam.de